Jestem Isia

Rozmowa z Agnieszką Radwańską

LEXUS

Jestem Isia

Rozmowa z Agnieszką Radwańską

ARTUR ROLAK

SPIS TREŚCI

WSTĘP

Gronau. Miasteczko tak małe, że niemieckim kolejom nie opłaca się zatrudniać tu kasjerów. I tak duże, że działają w nim trzy kluby tenisowe, a licząc z pobliskim Epe – cztery. „Gdy spotkają się trzej Niemcy, natychmiast zakładają nowy klub" – żartują miejscowi, ale z nutą dumy w głosie.

W jednym z tych klubów, Tennisverein Grün-Gold, w 1993 roku pierwsze kroki na korcie stawiała Agnieszka Radwańska. W Holandii też musieli o tym słyszeć, bo wystarczy tam źle uderzyć piłkę, niekoniecznie bardzo mocno, aby przeleciała nad drzewami i wylądowała już za granicą.

W połowie lat osiemdziesiątych XX wieku Robert Radwański (dla przyjaciół zawsze Piotr – woli swoje drugie imię) szukał chleba na Zachodzie, gdyż w Polsce bardzo trudno było wtedy utrzymać się z gry w tenisa. Zatrudnienie znalazł w Gronau, bo Zielono-Złoci akurat szukali grającego trenera.

– Peter był dobry i niedrogi – wspomina z uśmiechem Wolfgang Nolze. Mówi o Radwańskim po imieniu, dlatego że trzydzieści lat temu byli partnerami deblowymi, a obecnie wciąż się przyjaźnią

W marcu 1989 r. w Krakowie urodziła się Agnieszka, a rok i dziewięć miesięcy później – Urszula.

i dość często się odwiedzają. Podczas meczu Pucharu Federacji Polska Rosja w 2015 roku Nolze paradował po Krakowie w biało-czerwonym szaliku i wraz z kilkunastoma tysiącami widzów dopingował naszą reprezentację. Kiedyś nie zawahał się nawet spróbować dziko rosnących grzybów, które Piotr Radwański znalazł na terenie klubu i przyrządził po swojemu. – Wszystkich namawiał, ale inni się bali, że ich potruje. Ale skoro on je jadł, to i ja nie miałem się czego bać – opowiada z uśmiechem od ucha do ucha.

Początkowo Robert Piotr mieszkał w Gronau sam. Od święta grał w lidze westfalskiej (odpowiednik czwartej ligi), a na co dzień, przez 30 godzin tygodniowo, prowadził zajęcia ze wszystkimi drużynami Grün-Gold oraz z dziećmi.

Zatęsknił za rodziną, więc sprowadził żonę. Wkrótce mieszkanko, które wynajmowali, okazało się za małe, bo w marcu 1989 roku urodziła się Agnieszka (w Krakowie), a w grudniu 1990 Urszula (w Ahaus, 20 kilometrów od Gronau). Przeprowadzili się zatem do Epe, gdzie wynajęli dom.

– Chyba mogę powiedzieć, że byłam pierwszą nauczycielką tenisa Agnieszki – wspomina Brunhilde Nolze, mama Wolfganga. – Nie trzeba było być wybitnym ekspertem, aby zauważyć, jak wielki talent dostała ta mała dziewczynka. Chociaż była niższa i drobniejsza od rówieśników, zawsze grała najlepiej z całej grupy. Bardzo szybko się uczyła, znacznie szybciej niż inne dzieci chwytała, o co chodzi w kolejnych ćwiczeniach. Naprawdę byłam pewna, że jeśli tylko poświęci się tenisowi, to może zajść bardzo wysoko.

I Wolfgang Nolze, i jego rodzice zgadzają się z Piotrem Radwańskim, który o córkach mawiał, że „Ula to mały diabełek, a Isia aniołek". – Tak, Agnieszka zawsze była cicha, spokojna, bardzo grzeczna. I cierpliwa, kiedy czekała, aż tata skończy trening ze starszymi zawodnikami i dopiero wtedy będzie mógł się zająć nią i Ulą.

W latach dziewięćdziesiątych, kiedy Radwańscy byli związani z TV Grün-Gold, w klubie było pięć kortów otwartych i dwa pod dachem. Regularnie grało na nich ok. 300 osób, w tym 120 dzieci. Od tamtej pory przybyły jeszcze cztery korty ziemne, zbudowano nowy domek klubowy, ale ubyło chętnych do gry. Ci, którzy nadal przychodzą, doskonale wiedzą, że Agnieszka Radwańska była ich koleżanką klubową. Nawet jeśli nigdy nie poznali jej osobiście, to oglądając w telewizji transmisje z największych turniejów świata, zawsze ją dopingują.

Przez wiele lat Wolfgang Nolze był kronikarzem klubu. Zbierał wycinki z miejscowej prasy i na szczęście przechowuje je do tej pory. Z grubego segregatora wyciąga kopie artykułów z połowy

Wielka kariera Agnieszki Radwańskiej zaczęła się od turnieju J&S Cup w Warszawie.

lat dziewięćdziesiątych. Wśród tekstów opowiadających o Grün-Gold trudno znaleźć te, w których nie byłoby wzmianki o kimś z rodziny Radwańskich. Albo chociaż zdjęcia z krótkim podpisem. Nie ma wątpliwości, że Piotr, Agnieszka i Urszula są ważną częścią historii tego klubu.

W 2007 roku – na jubileusz 50-lecia Tennisverein Grün-Gold – Agnieszka Radwańska i Andżelika Kerber, od dziecka rywalki i przyjaciółki, rozegrały w Gronau mecz pokazowy. Polka dobijała się wtedy do czołowej trzydziestki świata, natomiast Niemka polskiego pochodzenia balansowała na granicy siódmej i ósmej dziesiątki. Kto, oglądając ten mecz, potrafił sobie wtedy wyobrazić, że jedna z nich zostanie kiedyś liderką, a druga wicelidorką rankingu WTA? ●

1 ROZDZIAŁ

O pierwszym zwycięstwie, angielskim ani be, ani me, obieraniu ptasiego mleczka, trąbie słonia, rozwodzie rodziców, pierwszych randkach z Dawidem i przypalonej zupie

Dlaczego „Isia"?

Tak się przedstawiałam, będąc małą dziewczynką, bo jeszcze nie umiałam powiedzieć „Agnieszka". I tak już zostało do dziś.

Słyszałem także o innej wersji – że to Ula nie potrafiła wymówić twojego imienia. Próbowała z „Agnisią", ale dla ułatwienia stanęło na „Isi".

To możliwe, bo wszystko robiłyśmy razem, a jedna przejmowała od drugiej, co tylko się dało. Chociaż moja wersja wydaje mi się bardziej prawdopodobna, bo dłużej niż Ula miałam kłopoty z prawidłowym mówieniem. Dłużej od niej nie wymawiałam na przykład „r". Ja ciągle jeszcze miałam „lowel", a ona już „rower". Nie zmienia to faktu, że dla rodziny i bliskich znajomych jestem wyłącznie „Isią", a dla dalszych „Isią" lub „Agą". Tylko Dawid mówi „Misia".

Czy pamiętasz choćby jeden dzień, kiedy jeszcze nie byłaś tenisistką?

Nie. Oczywiście nie od razu grałam w turniejach, ale rakietę mam od zawsze. Dobrze też pamiętam pierwszy turniej - ten obiekt, te korty... To było jeszcze w Gronau, gdzie urodziła się Ula, a tata pracował w klubie tenisowym Grün-Gold. Nie miałam wtedy nawet sześciu lat. Chociaż słowo „turniej" lepiej wziąć w cudzysłów, bo nie była to gra na punkty. Raczej zabawa - prowadził ją zresztą nasz tata - polegająca na tym, kto więcej razy trafi piłką do celu i popełni mniej błędów. Nie wiem, ile razy się pomyliłam, ale wygrałam.

Czy masz z powodu tenisa poczucie straconego dzieciństwa?

NIE OD RAZU *GRAŁAM* W TURNIEJACH, ALE RAKIETĘ MAM OD ZAWSZE.

Dla rodziny i bliskich znajomych jestem wyłącznie „Isią”.

Nie, mimo że wiele wydarzeń mi uciekło i ucieka do tej pory. Jeśli miałam jakiś żal – ale bardziej do losu niż rodziców – to tylko o „zielone szkoły”, już po powrocie z Gronau do Krakowa. Bardzo je lubiłam i wręcz błagałam tatę, żeby się zgodził. Jeśli już się udało, to jechałam najwyżej na cztery, pięć dni zamiast na dwa tygodnie, bo musiałam przecież trenować. Wracałam ze łzami w oczach.

Miałaś w ogóle szansę uprawiania innej dyscypliny sportu? Jak mama albo babcia lekkiej atletyki, jak jeden z dziadków siatkówki albo jak tata – przed tenisem – łyżwiarstwa figurowego?

Żadnej! Wprawdzie jako małe dzieci jeździłyśmy na łyżwach i nartach, pływałyśmy, grałyśmy, w co tylko się dało, ale od początku priorytetem był tenis. A im byłyśmy starsze, im więcej sukcesów zaczęłyśmy odnosić na korcie – obie byłyśmy w czołówce europejskiej w kolejnych kategoriach wiekowych – tym mniej czasu miałyśmy na inne dyscypliny.

Nawet największy talent nie daje gwarancji sukcesu w sporcie. Czy miałaś plan B? Matura, studia...

Plan B nie istniał. Od początku było oczywiste, że do szkoły chodziłyśmy tylko po to, aby ją skończyć i zdać maturę. Tata postawił wszystko na jedną kartę. Gdyby tego nie zrobił, to nie osiągnęłabym tych wszystkich sukcesów i nie rozmawialibyśmy teraz. Uprawianie tenisa na pół gwizdka, aby robić jeszcze coś innego po treningu, nie miałoby sensu, bo to nie byłby zawodowy sport. Zawsze miałam tego świadomość i nigdy nie opuściłam treningu z powodu lenistwa. Warto jednak pamiętać, że w sporcie różnie bywa, więc ze szkoły nie wolno rezygnować. Do matury trzeba się uczyć jak wszyscy inni. Jeśli ja mogłam skończyć liceum, mając indywidualny tok nauki jedynie przez ostatnie dwa lata, to każdy nie tylko może, ale i powinien. Nie byłam wybitną uczennicą, nie miałam pasków na świadectwie, ale dałam radę. Nauczyłam się przede wszystkim dyscypliny. Jeśli ktoś nie kończy nawet gimnazjum, to jest to aż żenujące.

Mówiąc pół żartem, pół serio, mama chodziła na wywiadówki częściej niż ty na lekcje.

Niewiele w tym przesady. Pamiętam jedną z nauczycielek z podstawówki. Zaczynałam już wtedy trenować dwa razy dziennie. Na wywiadówkę poszedł akurat tata. Pani zapytała, czy nie wystarczyłoby, żebym trenowała trzy razy w tygodniu po godzince. Tata mógł się wtedy trochę zdenerwować... Najgorsi byli jednak tacy nauczyciele – już później, w liceum – którzy twierdzili, że „Radwańska nigdy nie będzie grała w tenisa, więc lepiej niech się weźmie za naukę". Nie zdziwiłabym się, gdyby tata, słysząc coś takiego, chciał nas od razu wypisać ze szkoły.

Które szkolne przedmioty wchodziły ci do głowy lepiej, a których nie lubiłaś? Umysł masz bardziej mat-fiz czy humanistyczny?

W liceum chodziłam do klasy biologiczno-chemicznej, ale chemii nie cierpiałam. Maturę zdawałam z geografii. Dopóki nie nazbie-

Wszystko robiłyśmy razem, a jedna przejmowała od drugiej, co tylko się dało.

rało mi się zaległości, nie miałam kłopotów także z matematyką. Podobnie z polskim – nie nadążałam z czytaniem lektur. Z każdego przedmiotu starałam się wyciągnąć niezbędne minimum; zrobić chociaż tyle, ile mogłam.

Co z językami obcymi, oczywiście poza angielskim?

Niemiecki był kiedyś moim wręcz drugim językiem, w Gronau chodziłam przecież normalnie do przedszkola, ale przepadł. Jeszcze po powrocie do Polski miałam lekcje tego języka, był w programie w podstawówce i nawet w gimnazjum, ale pokaż mi kogoś, kto nauczył się języka obcego w szkole... Do tej pory się zastanawiam, jak można uczyć się języków tylko z książek. To metoda nieżyciowa i zupełnie

W trakcie zabawy Ula przykleiła mi lizaka do grzywki. Ja w płacz, wręcz w ryk.

nieprzydatna. Później po prostu zabrakło praktyki i zapomniałam, jak się mówi po niemiecku. A wszystko dobił angielski, bo w tenisie to jedyny język, którym można się porozumieć ze wszystkimi.

Po angielsku mówisz tak płynnie, że wielu dziennikarzy może ci zazdrościć. Czy to jeden z wymogów stawianych przez WTA przed tenisistkami?

Nie. Pewnie mogłabym mówić jeszcze lepiej, ale nie narzekam, chociaż samo mi to nie przyszło. Kiedy zaczynałam grać, rodzice nie mówili po angielsku – tata zna niemiecki, mama rosyjski. Ja, ledwo potrafiąca policzyć do dziesięciu, musiałam jakoś się dogadywać na turniejach, na lotniskach, w hotelach. Rzucona na bardzo głęboką wodę, słuchałam, szybko się uczyłam i kombinowałam w języku migowo-angielskim. Jak widać, nie poszłam na dno. Bardzo dużo dały mi także amerykańskie seriale telewizyjne. Zawsze oglądałam je bez polskiego lektora i bez dubbingu, tylko z napisami – na wszelki wypadek, aby zrozumieć słownictwo prawnicze albo medyczne.

Czy pamiętasz pierwszy wyjazd za granicę bez rodziców?

Tak, bo to zarazem moja pierwsza w życiu podróż samolotem, i to od razu na Bahamy! Wcześniej byłam chyba jedynie w Niemczech, Czechach i na Słowacji. To był wyjazd w nagrodę za zwycięstwo w turnieju Tennis Europe Masters, sponsorowany przez Nike. Miałam wtedy dwanaście lat i jeszcze nawet nie zaczęłam się uczyć angielskiego. Ani be, ani me, nic! Nawet policzyć do dziesięciu. A na Bahamach trudno się dogadać po niemiecku... Dobrze, że była wtedy ze mną Marta Leśniak, która wygrała ten sam turniej Masters co ja, tylko w kategorii do lat czternastu, i mówiła po angielsku. Przed powrotem miałam łzy w oczach, bo bałam się, że już nigdy nigdzie nie polecę.

W szkołach miałaś dużo usprawiedliwionych nieobecności, ale może któryś z nauczycieli zdążył jednak przekazać ci coś szczególnie dla ciebie ważnego, wykraczającego poza nauczany przedmiot?

Pani Florczyk, od chemii. Podczas lekcji pół klasy patrzyło na tablicę, jakby to nie były wzory chemiczne, tylko jakieś ufoludki. Nauczycielka powtarzała nam, że uczymy się nie dla niej, ale dla samych siebie. „Acha, akurat..." – myślałam wtedy. A jednak miała rację, człowiek naprawdę uczy się dla samej wiedzy, dla swojej satysfakcji. Jeśli teraz czyta tę książkę ktoś, kto jeszcze chodzi do szkoły, niech zapamięta, że to prawda. Przy okazji serdecznie pozdrawiam pana Florczyka, mojego wychowawcę i historyka, a w ogóle świetnego gościa. I przepraszam, ale do dat nigdy nie miałam pamięci.

NAUCZYCIELKA POWTARZAŁA NAM, ŻE UCZYMY SIĘ NIE DLA NIEJ, ALE DLA SAMYCH SIEBIE.

TV Grün Gold
Gronau

Welcome polish Power!

Tennisfamilie Radwanski aus Krakow/Polen besucht
en erfolgreichen Töchtern Agnieszka und Urszula Rad-

LOKALER SPORT

Schaukampf der Extraklasse auf de

Profis treten wie Profis auf

Radwanska-Schaukampf: Gespielt wird am Samstag in de

-sh/vno- **Gronau**. Ähnlichkeiten mit einem Formel 1-Wochenende sind nicht zu leugnen, wenn die Weltklassespielerinnen Agnieszka und Urszula Radwanska in den nächsten Tagen ihre Zelte beim TV Grün-Gold Gronau aufschlagen.

Ankunft am späten Freitagnachmittag, freies Training auf der Tennisanlage an der Losserstraße noch am gleichen Abend. Am Samstagvormittag ein Abschlusstraining, bevor um 14.30 Uhr das „Rennen", sprich der Schaukampf, beginnt. Nebenbei zeigt dieses Programm auch, wie ernst und profihaft die „polnischen Williams-Sisters" selbst dieses Gastspiel angehen.

Das Orgateam des gastgebenden TV Grün-Gold hat die letzten Vorbereitungen für dieses wohl einmalige Event abgeschlossen und blickt voller Zuversicht und Spannung auf den kommenden Samstag. Dabei ist die Vorfreude riesig. Wer hätte je zu glauben gewagt, die aktuelle Nr. 26 der Weltrangliste und zugleich die Nr. 1 der Juniorinnen-Weltrangliste in Gronau begrüßen zu dürfen.

Dementsprechend

Agnieszka (r.) und Urszula Radwanska bereite
wissenhaft auf ihren Auftritt in Gronau vor.

weise zur Verfügung. Schließlich scheint das Interesse an dieser Veranstaltung sehr groß zu sein. In diesem Zusammenhang ist den Organisatoren die allgemeine Großwetterlage im westlichen Münsterland zu *unsicher für eine Freiluft-*

Agten und ergän
lerinnen und Zu
den es uns dank

Das offizielle F
ginnt am Samst
um 14.30 Uhr. De
wird auch wegen
grenzten Park

Wycinki
z niemieckich gazet:
na górze o Robercie
Radwańskim,
na dole
o Agnieszce i Urszuli.

Schaukampf der Extraklasse

Tennisprofis Agnieszka und Urszula Radwanska kehren für ein Wochenende in ihre frühere Heimat

-sh/wno- **Gronau.** Kenner der [illegible] in letzter Zeit verwundert Augen und Ohren. Bei den Tennisberichterstattungen von der Damen-Profitour (WTA) im Fernsehen war jüngst mehrfach auch die Rede vom Tennisverein Grün-Gold Gronau. Nicht etwa, weil der Verein in diesem Jahr sein 50-jähriges Bestehen feiert, sondern weil die in Gronau aufgewachsenen Schwestern Agnieszka und Urszula Radwanska zu einem Schaukampf in ihre frühere Heimat zurückkehren.

Und tatsächlich! Was anlässlich der Feierlichkeiten zum Vereinsjubiläum schon über Pfingsten geplant war, aber wegen Terminschwierigkeiten nicht klappte, ist nun gelungen: Die beiden Tennisprofis, die in letzter Zeit so sehr auf sich aufmerksam gemacht haben, kehren mit ihren Eltern Anfang November – genauer gesagt vom 2. - 4. November – für ein Wochenende dorthin zurück, wo die sportliche Laufbahn bis Mitte der 90er-Jahre ihren Anfang nahm: zum Tennisverein Grün-Gold Gronau.

Am 3. November (Samstag) wird der Besuch der erfolgreichen Tennisfamilie eingebettet in die diesmal etwas größer ausfallende Saisonabschlussveranstaltung des Gronauer Traditionsvereins. Die Radwanska-Schwestern möchten in einem Schaukampf allen heimischen Tennisfans zeigen, wie in der Weltspitze gespielt wird. Ein Tennis-Leckerbissen der besonderen Art – zu erleben sogar zum Nulltarif.

„Aber auch unsere erfolgreiche Nachwuchsarbeit soll von diesem Ereignis profitieren", erläutert Jugendwartin Jeannette Bauer. So sollen nach dem Schaukampf noch mehrere Nachwuchstalente im Wechsel in kurzen Doppel- oder Mixedspielen mit den Radwanskas auf dem Platz stehen.

„Diese Chance dürfen wir uns einfach nicht entgehen lassen", freut sich auch Grün-Gold Gronaus 1. Vorsitzender Karl-Heinz Agten über den [illegible] Termin. Immerhin kommen mit Agnieszka und Urszula Radwanska die Juniorinnen-Wimbledonsiegerinnen der Jahre 2005 und 2007 an die deutsch-niederländische Grenze.

Die 18-jährige Agnieszka ist in ihrem zweiten Jahr auf der Profitour schon bis auf Platz 33 der Weltrangliste geklettert – Tendenz steigend. Sie war bei fast allen großen Turnieren in diesem Jahr eine feste Größe im Hauptfeld, teilweise sogar auf den großen Center-Courts dieser Welt zu besten Sendezeiten zu sehen. Noch Ende August konnten die Fernsehzuschauer nur staunen, wie sie vor 20 000 Zuschauern in der 3. Runde der US-Open sensationell die Titelverteidigerin und Nr. 2 der Weltrangliste, Maria Sharapova, in drei Sätzen besiegte.

In der Juniorinnen-Szene nicht minder erfolgreich ist Urszula, die als 16-jährige meist noch im ITF-Womens-Circuit aktiv ist. In der Juniorinnen-Weltrangliste wird sie aktuell an Nr. 2 geführt. Mit ihrem Sieg in Wimbledon und dem zweiten Platz bei den US Open hat sie endgültig den Durchbruch geschafft und wird im nächsten Jahr auch bei der Damen-Profitour einsteigen und damit ihrer Schwester folgen.

Aktuell befindet sich die jüngere der Schwestern zum Saisonausklang auf Südostasien-Tournee in Tokio und Bangkok. A[illegible] spielt im Mo[illegible] und kommt [illegible] Turniere in [illegible] kurz zurück [illegible] ort Krakau. [illegible] der gesamte[illegible] tung Gronau [illegible]

▶ Aktuelle I[illegible] www.gg-gron[illegible]

Urszula (l.) und Agnieszka Radwanska kehren A[illegible] an den Ort zurück, wo ihre großartige Laufbah[illegible]

Agnieszka Radwanska wurde im vergangenen Jahr als „Newcomer of the year 2006" der WTA-Tour geehrt.

□ Familie Radwanski wohnte in Gronau, später Epe (von 1987 bis 1995).

□ Vater Peter Radwanski war selbst ehemaliger polnischer Top 20-Spieler, damals langjährige Nr. 1 der Verbandsliga-Herren des TV Grün-Gold.

□ [illegible] (mit [illegible] drei Jahren) das Tennisspielen: sowohl [illegible] auch bei ihrem Vater, der damals hauptamtlicher Trainer bei Grün-Gold war.

□ 1995 kehrte die Familie nach Krakau wegen der Einschulung der Kinder zurück. Peter baute eine eigene Tennisschule auf und verstärkte sein Engagement im polnischen Tennisverband als Stützpunkttrainer. Aktuell ist er hauptverantwortlich für die U14-Juniorinnen des polnischen Tennisverbandes sowie Coach und Betreuer seiner Kinder. *-wno-*

In der Juniorinnen-Szene nicht minder erfolgreich ist Urszula, die als 16-jährige meist noch im ITF-Womens-Circuit aktiv ist. In der Juniorinnen-Weltrangliste [illegible] aktuell an Nr. 2 geführt. Mit ihrem Sieg in Wimbledon und dem zweiten Platz bei den US Open hat sie endgültig den Durchbruch geschafft und wird im nächsten Jahr auch bei der Damen-Profitour einsteigen und damit ihrer Schwester folgen.

2007

Was einst in Gronau begann: Die 16-jährige Wimbledon-Siegerin Agnieszka Radwanska [illegible] und ihre Endspielgegnerin Tamira Paszek mit ihren Trophäen
Foto: Iman[illegible]

2007

Die 7. Gerry Weber Junior Open in Halle/Westfalen boten das stärkste Teilnehmerfeld der Turniergeschichte. Das ITF-Weltranglisten-Jugendturnier der Kategorie II, bei dem auch um die Titel [illegible]

WTV-Präsident Robert Hampe (links) und Turnierleiter Thorsten Liebich mit der Siegerin Agnieszka Radwanska (2. von links) und der Finalistin Kertin

Masakra! Dziś już mogę się przyznać, że w szkole ściągałam, najczęściej właśnie daty na klasówkach z historii. Jeśli się czegoś nie umie, to trzeba się wykazać zaradnością i panowaniem nad emocjami. Bo ściąganie to też sztuka.

Pochwalasz?

Nie, tylko stwierdzam fakt.

Co ze studiami?

Jestem na trzecim roku Wydziału Turystyki i Rekreacji Akademii Wychowania Fizycznego w Krakowie. Nie da się ukryć, że studia idą bardzo wolno... Mam wrażenie, że z roku na rok coraz wolniej, bo przybywa mi obowiązków, a ubywa czasu. Bardzo trudno pogodzić naukę z uprawianiem sportu, a na dodatek mieszkam, a raczej pomieszkuję, w Warszawie. Nie czuję jednak z tego powodu żadnej presji, po prostu chciałabym skończyć studia sama dla siebie, bo nie wiem nawet, czy w ogóle do czegoś mi się przydadzą. Warto jednak mieć dyplom choćby dla własnej satysfakcji.

Jakim byłaś dzieckiem? Chorowitym czy okazem zdrowia? Grzecznym czy nieznośnym? Niejadkiem czy zmiatałaś z talerza wszystko, co podała mama?

Na pewno niejadkiem. Ula zresztą też, więc i pod tym względem trzymałyśmy sztamę. Pamiętam, jak chowałyśmy mięso pod ziemniakami, wcześniej robiąc z nich widelcem purée, a mamie mówiłyśmy, że już zjadłyśmy mięsko. Mama obierała nam owoce ze skórki, wydłubywała pestki, robiła wszystko, aby zachęcić nas do jedzenia. A dla nas nawet szynka z odrobiną tłuszczu była niejadalna. W zupie wszystko musiało być zmiksowane. Do dziś nie lubię w zupie żadnych „śmieci”, zdecydowanie wolę kremy. Nawet teraz, kiedy odwiedzam mamę, zawsze czeka na mnie jakiś krem. Z mojego powodu mikser jest chyba najważniejszym urządzeniem w jej kuchni. A w ogóle to jedzenie zawsze mnie nudziło. Żeby jakoś je sobie

Człowiek naprawdę uczy się dla samej wiedzy, dla swojej satysfakcji. Jeśli teraz czyta tę książkę ktoś, kto jeszcze chodzi do szkoły, niech zapamięta, że to prawda.

urozmaicić, z kanapek wyjadałam najpierw środek, a dopiero później chleb. Albo odwrotnie. Delicje i ptasie mleczko nadal zaczynam od obrania z czekolady, a na końcu zjadam nadzienie.

Tylko kotlet mielony nie był wrogiem?

Właśnie to dziwne, bo mielone zjadałyśmy. Tak mi się jednak przejadły, że dziś ich nie tknę. Lubię rybę, ale wyłącznie smażoną, zupy rybnej nie cierpię. Nie znoszę też grzybów, a przepadam za zupą i sosem grzybowym. Na widok jajka sadzonego albo na miękko niemal mnie mdli, za to jajecznicę uwielbiam.

A zdrówko? Okaz zdrowia od kołyski czy częsta bywalczyni pediatrów?

Oboje rodziców kocha się jednakowo, ale z każdym ma się inny kontakt.

Kiedy jedna z nas chorowała, to natychmiast także druga, ale pod tym względem wszystko było raczej w normie. To było już znacznie później, ale opowiem... Kiedyś dostałam grypy żołądkowej. Czułam się koszmarnie jak nigdy, już prawie chciałam pisać testament. Ula całą noc przesiedziała ze mną w łazience, chociaż o wpół do ósmej rano miała egzamin na prawo jazdy. Spała najwyżej godzinę.

Zdała?

Powiedziała, że gdyby nie moja grypa, toby nie zdała. Wszystko było jej już tak obojętne, a ona tak zmęczona i zaspana, że w ogóle nie czuła stresu.

Kto bardziej rozrabiał – ty czy Ula?

Ula... Jedną historię pamiętam tak, jakby zdarzyła się przed chwilą. Do podstawówki poszłam, mając sześć lat, zaraz po naszym powrocie do Polski, a Ula normalnie, więc różniły nas dwie klasy.

NIEKTÓRE *RZECZY* CHOWAŁYŚMY PRZED SOBĄ POD PODUSZKĄ, ABY TYLKO TA DRUGA ICH NIE WZIĘŁA.

Wszystkie dzieciaki zbierały wtedy tazosy, takie żetony dodawane do paczek czipsów. Podczas przerw trzymaliśmy je na ławkach, bo wymienialiśmy się na te, których jeszcze nie mieliśmy. I pewnego razu jeden z największych rozrabiaków w naszej szkole zabrał z ławki moje tazosy i uciekł. Akurat wtedy weszła do klasy Ula, bo często odwiedzałyśmy się na przerwach. Gdy zobaczyła, jak rozpaczam po utraconych tazosach, od razu rzuciła się w pogoń za tym chłopakiem, starszym od niej o dwa lata. Po kilku minutach wróciła zdyszana, bo dorwała go gdzieś na innym piętrze i odebrała mu moje skarby.

Nie mów, że tobie nie dokuczała.

No jasne, że dokuczała! Obie się prałyśmy, i to równo. Biłyśmy się nawet o wieszak w szafie, zresztą każdy powód był do tego dobry. Skończyło się niemal jak ręką odjął, kiedy miałyśmy piętnaście, szesnaście lat. Po prostu dorosłyśmy. Wcześniej jedna drugiej nie pożyczyła bluzki, bo tak byłyśmy zawzięte! Niektóre rzeczy chowałyśmy przed sobą pod poduszką, aby tylko ta druga ich nie wzięła. A później nawet nie musiałyśmy już o nic pytać – chcesz, to bierz. Zdarzało się, że wysyłała mi zdjęcie. Patrzę, a na nim Ula w moim ciuchu. Albo coś sobie wzięła i już nigdy nie oddała. Kto ma rodzeństwo, ten wie, że trzeba trochę czasu, aby w bracie czy siostrze dostrzec wreszcie bliską osobę, a nie wroga.

Bluzka to pikuś, ale słoń!

Miałam takiego ulubionego różowego słonia, pluszaka. W domu prawie się z nim nie rozstawałam. Nie wiem, jak Ula to zrobiła, ale

Mama, jak to mama, była od wszystkiego – od dbania o dom, gotowania, prania... Do dziś prowadzi wszystkie moje sprawy papierkowe – bankowe, podatkowe, turniejowe...

spaliła mu trąbę. Podobno niechcący, bo położyła go pod włączoną lampą. Tak się przestraszyła, że słonia – już bez trąby – próbowała przede mną schować. Kiedy się wydało, strasznie rozpaczałam, bo wtedy był to dla mnie koniec świata.

Opowiedz jeszcze o lizaku.

Byłyśmy jeszcze małe, pewnie znów tłukłyśmy się o jakąś zabawkę. W trakcie tej, powiedzmy, zabawy przykleiła mi lizaka do grzywki. Ja w płacz, wręcz w ryk. Obie mamy bardzo gęste włosy, więc nie można było tego lizaka po prostu od nich odkleić. No i mama musiała ciąć nożyczkami.

Jak długo lalki czy inne zabawki były konkurencją dla rakiety tenisowej?

Oczywiście miałyśmy swoje ulubione Barbie i potrafiłyśmy zajmować się nimi całymi godzinami po szkole i treningach, ale to wcale

W liceum chodziłam do klasy biologiczno--chemicznej, ale chemii nie cierpiałam.

nie było tak, że lalki kojarzyły się z zabawą, a rakieta z pracą. My potrafiłyśmy bawić się nawet na korcie. Kiedy musiałyśmy czekać, aż tata skończy lekcje tenisa, same sobie organizowałyśmy czas. Na przykład malowałyśmy linie między kortami i wymyślałyśmy różne gry i zabawy tenisowe. We dwie było nam łatwiej. Całe moje dzieciństwo, cały tenis, ba, całe życie wyglądałyby inaczej bez siostry w prawie tym samym wieku.

Ile par szpilek zniszczyłaś mamie, próbując chodzić w jej butach?

Obie z Ulą je przymierzałyśmy i próbowałyśmy w nich chodzić, ale chyba ich nie niszczyłyśmy. W każdym razie nie przypominam sobie takiego przypadku. Byłyśmy przecież malutkie, chudziutkie, więc jak?

Czy pisałaś pamiętnik?

Coś tam było... Nie pamiętam tylko, czy pod koniec podstawówki, czy na początku gimnazjum.

Czas spędzany na korcie był dla nas czymś zupełnie naturalnym.

Masz go jeszcze?

Oj, nie!

Mówisz tak z obawy, że chciałbym do niego zajrzeć?

Sama byłabym ciekawa, co wtedy pisałam.

A może zachowały się jakieś twoje rysunki z dzieciństwa?

Nie wiem. Od czasu ostatniego rysunku przeprowadzałam się kilka razy, więc nie mam pojęcia, gdzie w ogóle ich szukać.

Jak tata zarażał was – ciebie i Ulę – tenisem?

Od kiedy pamiętam, czas spędzany na korcie był dla nas czymś zupełnie naturalnym. I przyjemnym, bo często trenowałyśmy nie tylko we dwie, ale też w większej grupie, z koleżankami. Potem, już po powrocie do Polski, bywało różnie. Praktycznie przez całe liceum wstawałam o piątej, żeby przed treningiem powtórzyć sobie jeszcze coś do szkoły. Zimą, kiedy na zewnątrz było jeszcze ciemno, a pod balonem zimno, często się wręcz modliłyśmy, żeby się zapadł. Kilka razy nasze prośby zostały wysłuchane, bo balon był bardzo stary, więc zasilanio szwankowało. Tata wtedy klął, a my ukradkiem wymieniałyśmy radosne spojrzenia. Jednak poza tymi nielicznymi chwilami tata nie musiał nas gonić na kort, bo od najmłodszych lat żyłyśmy i żyjemy tenisem. Ile razy jadłyśmy obiad w samochodzie, bo nie było czasu pojechać do domu między szkołą a treningiem! Tata przywoził zupę w słoikach, a drugie dania w jakichś plastikowych pojemnikach. Zimą wszystko błyskawicznie stygło. Wtedy nie smakował mi nawet rosół, który normalnie mogłabym jeść dwa razy dziennie. I tak jadłyśmy obiad w czasie jazdy, bo już za pół godziny na kort, a wiadomo, jakie są ulice w Krakowie – połowa zupy lądowała na naszych spodniach i kurtkach. To były czasy...

Może lepiej było kupić food trucka?

Jeździliśmy wtedy mega starym fiatem temprą. Miał chyba z piętnaście lat, bo rodziców nie było stać na wiele rzeczy, a co dopiero

Jednak poza tymi nielicznymi chwilami tata nie musiał nas gonić na kort.

na nowy samochód. Oszczędzaliśmy dosłownie na wszystkim. Zdarzało się – zwłaszcza wtedy, gdy wygrywałam turnieje albo dochodziłam w nich daleko – że po zapłaceniu rachunku za hotel nie mieliśmy pięciu czy dziesięciu złotych na autostradę i musieliśmy jeździć bocznymi drogami.

Mówisz o turniejach w kategoriach młodzieżowych?

Tak, bo w turniejach zawodowych już zarabiałam jakieś pieniądze, natomiast w juniorskich i jeszcze wcześniej nagrody były wyłącznie rzeczowe. A im dłużej grałam w turnieju, tym więcej lekcji opuszczałam. Chciałam jak najszybciej wrócić do domu, żeby chociaż trochę się pouczyć i nadrobić zaległości, a w samochodzie nie dało się czytać. Pewnego razu wracaliśmy podczas straszliwej ulewy, po prostu przez ścianę deszczu. W pewnym momencie wycieraczki zaczęły chodzić każda sobie, aż wreszcie się sczepiły. Jedna zupełnie odpadła, a z drugiej został tylko kikut. Tata chyba dostał furii, a nam z jednej strony chciało się strasznie śmiać, ale z drugiej byłyśmy naprawdę przerażone, bo jak dalej jechać prawie bez widoczności? Gdyby nie ten ocalały kikut, nie wiem, jak byśmy wrócili.

Na kilku mniejszych, ale zawodowych turniejach, widywałem tenisistki głównie z Czech i Słowacji, które oszczędzały na hotelach i spały w samochodach na parkingu przy kortach. Czy wam to się też zdarzało?

Owszem, ale w innych okolicznościach. Kiedy byłyśmy jeszcze małe, a rodzice podróżowali z Niemiec do Polski i z powrotem, zwykle jeździli w nocy, żeby mieć z nami spokój, a i ruch na drogach był dużo mniejszy. To był fiat tempra kombi, więc z tyłu miałyśmy dość

W TURNIEJACH *JUNIORSKICH* I JESZCZE WCZEŚNIEJ NAGRODY BYŁY WYŁĄCZNIE RZECZOWE.

A im byłyśmy starsze, im więcej sukcesów zaczęłyśmy odnosić na korcie, tym mniej czasu miałyśmy na inne dyscypliny.

miejsca. Między nami mieścił się jeszcze koszyk, w którym mama trzymała prowiant na drogę. Wszystkie kanapki były opisane markerem na sreberku – ta dla mnie, tamta dla Uli, żebyśmy nie dostały z czymś, czego nie lubiłyśmy.

Czy tatę pamiętasz tylko jako waszego trenera, czy jeszcze również zawodnika?

To było tak dawno, jeszcze w Gronau, że ledwo przypominam go sobie grającego z innymi zawodnikami na punkty.

Mama nie grała?

Próbowała trochę, kiedy poznała tatę.

Jak przyjęłaś informację, że mają zamiar się rozejść?

Żadne dziecko, niezależnie od tego, w jakim jest wieku, nie chce, żeby rodzice się rozstali. Małe dzieci potrafią na dodatek same się o to obwiniać, bo jeszcze niewiele rozumieją. Przeżyć rozwód rodziców pomógł nam fakt, że byłyśmy dorosłe i już z nimi nie mieszkałyśmy. No i nie stało się to z dnia na dzień, lecz ciągnęło się od wielu

Ula gra, rodzina dopinguje.

miesięcy, o czym doskonale wiedziałyśmy. Rozwód po tylu latach spędzonych razem na pewno nie był dla nich łatwą decyzją. Nie bójmy się słów: każdy rozwód to porażka. Ja się z tym szybko pogodziłam, chociaż nawet w moim wieku każdy człowiek wolałby mieć kompletną rodzinę i tylko jedną wigilię. Bo co ja mogłam zrobić? Jaki miałam na to wpływ? Czasu przecież nie cofnę. W pewnym sensie poczułam nawet ulgę, że ten niedobry okres w naszym życiu już się skończył.

Czy rozwód rodziców nie przeszkadzał ci w grze?

Wręcz przeciwnie, bo tenis pozwalał mi zapomnieć o kłótniach między nimi. Wychodząc na kort, mogłam się skoncentrować wyłącznie na meczu i innych obowiązkach turniejowych.

Jak obecnie wyglądają twoje relacje z rodzicami?

Oboje rodziców kocha się jednakowo, ale z każdym ma się inny kontakt. Z mamą się przyjaźnię. Już od dawna nie jest to relacja matka–córka, lecz przyjaźń dwóch dorosłych babek. Oczywiście zawsze

Ćwiczyłyśmy poszczególne uderzenia, aby nauczyć się wykonywać je poprawnie, jednak nie było to nudne.

będzie mamą. Ufam jej w stu procentach. Pomaga mi w sprawach papierkowych. W nic się nie wtrąca, nie ingeruje, jedynie z ciekawości o wszystko mnie wypytuje i we wszystkim mnie wspiera. Przez telefon potrafimy przegadać nawet godzinę, bo zawsze jest o czym. Jak to z przyjaciółką... Tata ma bardzo trudny charakter, ale wiem, że zawsze chciał i nadal chce dla nas dobrze, chociaż jeszcze nie przyjął do wiadomości, że ja i Ula jesteśmy już dorosłe, że mamy swoje życie i same chcemy o nim decydować. Byłby najszczęśliwszy, gdybyśmy nadal z nim mieszkały, takie odnoszę wrażenie. A my nie pytamy go o zgodę, tylko informujemy o naszych decyzjach. Jeśli w ogóle informujemy... Dopisz, że to ostatnie zdanie powiedziałam żartem.

Pierwsze kroki tenisowe stawiałyście w Gronau. Jak wspominasz powrót do Polski?

Miałam wtedy sześć lat. Wydaje mi się, że to był bardzo dobry moment na przeprowadzkę, bo byłam jeszcze za mała, żebym zdążyła zawrzeć wielkie przyjaźnie, które nasz powrót do Polski by zerwał. Gdybyśmy były nieco starsze, gdybyśmy już chodziły do szkoły, na pewno byłoby nam trudniej. W nowym środowisku nie miałyśmy żadnych problemów.

Jak zmieniły się warunki treningów?

W Niemczech warunki były dużo lepsze, szczególnie zimą. W klubie Grün-Gold, w którym grałyśmy, było mnóstwo kortów, w tym dwa albo trzy pod dachem. W tym czasie, czyli dwadzieścia lat temu, nie mieliśmy w Polsce tylu hal tenisowych co obecnie. Dziś zapewne nie byłoby mi to obojętne, czy mam trenować pod niedogrzanym i słabo oświetlonym balonem, czy w normalnej hali, ale wtedy, gdy miałyśmy po sześć, siedem lat, w ogóle się tym nie przejmowałyśmy. Wiele razy się zdarzało, że przyjeżdżaliśmy na trening, kiedy korty były jeszcze zamknięte, i we trójkę przełaziliśmy przez płot. Bywało i tak, że zamarzały drzwi do balonu, a gdy już udało się nam jakoś wejść, to grałyśmy w rękawiczkach na lewych dłoniach i czapkach na głowach. Wtedy po prostu cieszyłyśmy się, że mogłyśmy grać, a także się bawić. Pamiętam, że z koleżankami z klubu lubiłyśmy ganiać się po korcie, udając policjantów i złodziei.

Trening tenisowy nie jest tak monotonny jak na przykład pływacki, ale dzieci szybko się nudzą. Jak tata sprawił, że nie uciekałyście z kortu?

Zasadnicza część treningu nigdy nie była zabawą. Ćwiczyłyśmy poszczególne uderzenia, aby nauczyć się wykonywać je poprawnie, jednak nie było to nudne, bo nigdy nie klepałyśmy jednego ćwiczenia przez godzinę. Zajęcia były naprawdę urozmaicone. Na wygłupy i zabawę był czas w trakcie rozgrzewki i już po głównej części treningu.

Kiedy zaczęły się pojawiać problemy finansowe, o których już wspominałaś? Rodzicom skończyły się pieniądze przywiezione z Niemiec, a wydatki na treningi i wyjazdy na turnieje systematycznie rosły.

Byłyśmy dwie, więc i wydatki prawie dwa razy większe. Problemy zaczęły się wtedy, gdy trzeba było jeździć na turnieje już nie po Polsce, tylko po Europie. W Afryce czy Ameryce Południowej poziom był znacznie niższy, zatem łatwiej byłoby zdobyć tam punkty do rankingu, ale na takie wyjazdy zwyczajnie nie było nas stać. Łatwiej

Tata po prostu ma trudny charakter, więc tym ważniejsza była rola mamy.

zrobiło się dopiero wtedy, gdy zaczęłam zarabiać pierwsze pieniądze. Doszła jeszcze pomoc Prokomu i mniej więcej od szesnastego, może siedemnastego roku życia mogłam już normalnie rywalizować z Niemkami, Czeszkami, Rosjankami...

Czy w całym Krakowie nie było nikogo, kto chciałby pomóc dwóm zdolnym tenisistkom, o których mówiła już cała Polska?

Każdy właściciel czy zarządca kortów pilnował przede wszystkim swojego interesu. Już nie mówię, że za darmo, ale żebyśmy mogły chociaż trenować o normalnych porach... Przeciwnie, wszyscy wiedzieli, że i tak musimy zrobić trening, więc wpisywali nas na przeróżne godziny. I trenowałyśmy albo dziesięć minut po obiedzie zjedzonym w czasie jazdy, albo bardzo późnym wieczorem. Gdyby pan biznesmen miał grać o dwudziestej pierwszej, toby w ogóle nie przyszedł. Nas wszyscy mieli głęboko w d... Godzina kortu pod balonem kosztowała sześćdziesiąt złotych. Kiedy robiłyśmy przerwę w treningu, aby się napić, tata zbierając w tym czasie piłki przypominał nam, że „każda minuta to złotówka!". Śmiałyśmy się, że powinnyśmy pić jak kolarze – oni w czasie jazdy, my w czasie zmiany stron.

Łatwiej byłoby porozstawiać bidony wokół kortu.

Na to nie wpadłyśmy, ale do dziś to zdanie o złotówce nadal bardzo dobrze pamiętamy.

Historia o obrazach sprzedawanych przez dziadka, abyście miały z Ulą za co trenować i grać w turniejach, obrosła już legendą. Jak to z tymi Kossakami było naprawdę?

Dziadek miał trzy obrazy, naprawdę cenne. W pewnym momencie, kiedy rodzicom zabrakło pieniędzy, już nie tylko na nasze wyjazdy na turnieje, ale wręcz na wynajęcie kortów w Krakowie, dziadek po prostu dwa z nich sprzedał.

Czy te obrazy wróciły do rodziny?

Chyba nie.

A nie korci cię, żeby je wykupić i oddać babci?

Nigdy o tym nie myślałam. Odwdzięczałam się dziadkowi, dopóki żył, w inny sposób. I też nie od razu byłoby mnie stać, aby je odkupić. Nie wiem, czy to w ogóle możliwe, bo przede wszystkim ich

MAMA DO DZIŚ PROWADZI WSZYSTKIE MOJE SPRAWY PAPIERKOWE – BANKOWE, PODATKOWE, TURNIEJOWE

obecny właściciel musiałby chcieć je sprzedać, a po drugie niełatwo byłoby ustalić, do kogo dziś należą.

Rola taty w wychowaniu dwóch tenisistek na światowym poziomie jest oczywista. Mama stała zwykle z boku, ale nie wolno jej nie doceniać. Z pierwszej wizyty w waszym krakowskim mieszkaniu zapamiętałem przede wszystkim przepyszną zupę ogórkową...

Tata, zbierając piłki, przypominał nam, że „każda minuta to złotówka!".

Mama, jak to mama, była od wszystkiego – od dbania o dom, gotowania, prania... Do dziś prowadzi wszystkie moje sprawy papierkowe – bankowe, podatkowe, turniejowe... A kiedy zdarzały się nam kłótnie czy między mną a Ulą, czy między nami a tatą, bo wiadomo, jaki jest, mama zawsze była pośrodku i starała się jak najszybciej oczyścić atmosferę.

A jaki jest?

PROKOM
adidas
DRIVE

Tata nie musiał nas gonić na kort, bo od najmłodszych lat żyłyśmy i żyjemy tenisem.

Nerwowy... Żeby nie wiem co, zawsze musi postawić na swoim. Do świata jest nastawiony co najmniej nieufnie, może nawet wrogo. Po prostu ma trudny charakter, więc tym ważniejsza była rola mamy.

Nikt nie powinien mieć wątpliwości, że znaczny udział w twoich sukcesach ma również Ula. Czy bez jej pomocy mogłabyś osiągnąć aż tyle?

I mnie, i jej od czasu do czasu zdarzały się kryzysy i chwile zniechęcenia, a wtedy wspierałyśmy się nawzajem. Dobrze było wiedzieć, że zawsze ktoś trzyma moją stronę, doda otuchy, pocieszy i na korcie, i w domu. Wątpię, czy bez niej osiągnęłabym aż tyle. A jeśli nawet, to pod każdym względem kosztowałoby mnie to znacznie więcej. Nawet nie chcę sobie wyobrażać, że musiałabym przez to wszystko przechodzić sama.

Już z trybun czy sprzed telewizora widać, że macie skrajnie różne temperamenty. Jakie cechy, których ty nie masz, a chciałabyś mieć, ma Ula?

Na korcie, faktycznie, Ula jest bardziej nerwowa, ale poza nim – naprawdę! – jesteśmy do siebie bardzo podobne. No, może jest bałaganiarą.

To samo Ula mówi o tobie.

Eee, nie... W hotelu może tak, ale nie wyobrażam sobie bałaganu w domu. Zawsze też powtarzam, że człowieka najłatwiej poznać po portfelu. Nie mówię o jego grubości, lecz czystości i porządku w nim panującym.

Banknoty według nominałów i twarzami w tę samą stronę?

Bez przesady, nie wpadajmy z jednej skrajności w drugą! Mogę pokazać swój portfel – nie znajdziesz w nim starych rachunków czy już nieważnych kart. I właśnie tym się z Ulą różnimy. A wracając do głównego pytania... Ula jest może trochę bardziej zdeterminowana ode mnie. Nadal potrafi się zmobilizować i wstać o wpół do ósmej, żeby pójść na trening. Ja, jeśli trzeba, wstaję nawet wcześniej, ale w moim przypadku wysiłek fizyczny przed dziesiątą nie ma sensu. Lepiej w ogóle nie iść na trening, bo na to samo wyjdzie. Albo i na korzyść, bo nic nie robiąc, przynajmniej nie złapię kontuzji.

Relacje między rodzeństwem, przyzna to chyba każdy, kto je ma, bywają burzliwe. O co najczęściej kłócisz się z Ulą?

Teraz? Bardzo rzadko. Każda z nas ma już swoje plany, swoje pomysły, swoje życie. Rozmawiamy na każdy temat, ale nie tak, żeby się wtrącać. „Tylko wyrażam swoją opinię, jesteś dorosła, zrobisz, jak zechcesz, ale ja bym zrobiła inaczej" – tak mniej więcej wyglądają nasze rozmowy, jeśli mamy inne zdanie i nawet trochę sobie pokrzyczymy. Jako dzieci kłóciłyśmy się tyle, że dziś szkoda nam na to czasu. Trąbę słonia już dawno objęła amnestia.

Rodzeństwo często rywalizuje o względy rodziców czy dziadków. Jak to było, jak to jest, w waszej rodzinie?

Chyba ja byłam tą bardziej ulubioną wnusią, ale nigdy o to nie zabiegałyśmy, nigdy nie było to naszym celem. Rodzice są jedynakami, więc u dziadków nigdy nie miałyśmy konkurencji. Pewnie inaczej by to wyglądało, gdyby mieli jeszcze sześcioro innych wnucząt.

Czy zdarzyło się – w końcu jesteście praktycznie rówieśniczkami – że wpadł wam w oko ten sam chłopak?

Nie, nigdy! Pod tym względem mamy całkiem inny gust. Jeśli ja mówiłam, że „ten jest straszny", to Ula była nim zachwycona. I odwrotnie. Zawsze wolałam brunetów, a ona blondynów.

Czy, jak to najczęściej bywa, sprawy „sercowe" omawiałaś z siostrą, a w sprawach „życiowych" radziłaś się mamy?

O *BAŁAGANIARSTWIE* ULI JUŻ WSPOMINAŁAM. DAWID JEST JEJ ABSOLUTNYM PRZECIWIEŃSTWEM.

Z Ulą wiemy o sobie dosłownie wszystko, nie mamy przed sobą żadnych tajemnic. Gdyby była między nami większa różnica wieku, to być może byłoby inaczej.

Z kim lepiej się mieszka, mieszkało? Z Ulą czy Dawidem?

To dwa różne rodzaje relacji, ale pod niektórymi względami da się to jakoś porównać. O bałaganiarstwie Uli już wspominałam. Dawid jest jej absolutnym przeciwieństwem. Posprzątałam dziś po śniadaniu, a on – nie wiem po co – zaczął jeszcze sprzątać po mnie.

Kiedyś wolałaś biżuterię raczej srebrną niż złotą. Czy to się zmieniło?

Tak. Ostatnio chętnie mieszam. Czy wybiorę złotą, czy jednak srebrną, to zależy od całości ubrania.

Pokaż pierścionek zaręczynowy.

Platynowy.

To kiedy ślub?

To jedyne pytanie, na które nie odpowiem ci wprost.

Ale chociaż ustaliliście już datę? Musi przecież być dopasowana do twojego kalendarza turniejowego.

Praktycznie tak, ale potrzymamy ją jeszcze trochę w tajemnicy. Mogę zdradzić tylko tyle, że kiedy ta książka się ukaże, na pewno wciąż będę panną. I już nie ciągnij mnie za język, bo nic więcej nie powiem. Niech te media, które wydały mnie za mąż już chyba sześć razy, jeszcze trochę pokombinują.

W zeszłym roku wykręciłaś im niezły numer...

Portale plotkarskie same podsunęły mi ten pomysł. Zaczęły na prawo i lewo opowiadać, że zaraz po powrocie z US Open zaczynam przygotowywać się do ślubu. Wrzuciłam do sieci tylko jedno zdjęcie i wcale nie mówiłam, że to mój ślub.

Dodajmy, że chodziło o ślub Tomka Wiktorowskiego. Powiedz chociaż, kto będzie świadkiem na twoim, gdzie i na ile osób wesele, dokąd pojedziecie w podróż poślubną...

A kto może być świadkiem? Wiadomo, że Ula i brat Dawida. Wesele... Myślę, że w przedziale między 50 a 500 gości. A mówiąc poważnie, oboje mamy małe rodziny i wielu wspólnych znajomych ze środowiska tenisowego, więc nie sądzę, aby wyszło nam więcej niż 150 osób. Sama zresztą nie chciałabym więcej. Ślub na pewno weźmiemy w Polsce. Decyzji, gdzie spędzimy miesiąc miodowy, jeszcze nie podjęliśmy, bo nie jest to priorytetem.

Aż miesiąc?! Skąd weźmiesz tyle czasu między turniejami? Nawet po sezonie trudno. Chyba że chcecie ten miesiąc spędzić w sanatorium!

Nie ma co się śmiać. Każdego roku potrzebuję coraz więcej czasu na kurację po trudach sezonu. Miesiąc to termin raczej umowny, a dużo bardziej realny wydaje się tydzień.

Dobrze, że nie weekend.

Przed majowym nie zdążymy.

Twoi przyjaciele mówią, że z daleka widać, jak bardzo jesteś zakochana w Dawidzie.

Tak mówią? No to dobrze widzą, bo nie da się ukryć, że jestem.

Opowiedz o waszej pierwszej randce.

Poznaliśmy się na długo przed nią, bo w 2008 albo 2009 roku, na lidze w Czechach, gdzie graliśmy w różnych drużynach. Potem spotykaliśmy się przy okazji meczów Pucharu Federacji, kiedy pomagał w przygotowaniach reprezentacji Polski jako sparingpartner. Wreszcie zaczęliśmy razem pracować. A nasza pierwsza randka? Była taka sama jak u każdej innej nudnej pary. Poszliśmy do kina na *Kac Vegas*. Nie pamiętam tylko, czy na drugą, czy na trzecią część. Na pewno było to w drugiej połowie 2013 roku. Żeby było śmieszniej, od razu wpadliśmy na fotoreporterów z jakiegoś tabloidu. Czyhali na nas w galerii handlowej. Mamy chociaż małą satysfakcję, bo nie wiedzieli, że to nasza pierwsza randka. Na dodatek niezależnie od siebie ubraliśmy się z Dawidem w koszule, więc napisali, że pasujemy do siebie. Potem pojechaliśmy jeszcze do miasta na drinka. Nie rób takich oczu – oczywiście bezalkoholowego! I tyle.

PACZKA

Z Ulą wiemy o sobie dosłownie wszystko, nie mamy przed sobą żadnych tajemnic.

Spodobała mi się historia o randce, na którą zabrał cię kabrioletem.
Owszem, była taka... Na pewno jedna z naszych pierwszych. Umówiliśmy się do kina. Samochód miał już swoje lata, chyba ze dwadzieścia, prawie zabytek, więc Dawid na pewno nie chciał nim szpanować. Po prostu swój akurat sprzedał, a nie zdążył jeszcze odebrać nowego. Dlatego musiał od kogoś pożyczyć jakieś auto. Przypadkiem padło na fiata punto z elektrycznie otwieranym i zamykanym dachem. Wychodzę z hotelu, rozglądam się, Dawid do mnie macha. „O, jaki śmieszny samochód" – myślę sobie. Gadka-szmatka, wsiadam, zapinam pasy, ruszamy, a tu pech – akurat tego dnia dach się zaciął i nie chciał się domknąć, zatem podczas jazdy musiałam go trzymać, bo nawet przy niewielkiej prędkości mógłby się urwać. Jechałam jak tramwajem, trzymając się poręczy.
Czy to wtedy z wrażenia pomyliliście sale w kinie?
Jezus Maria... Kraków z Częstochową poszły do kina w Warszawie... Weszliśmy do sali. Trochę się zdziwiliśmy, że wszyscy spojrzeli na nas jakoś tak dziwnie. Rozsiedliśmy się, wyjęliśmy popcorn, nachosy, colę... Poszliśmy na drugą część *Igrzysk śmierci*. Dawid nie był na pierwszej, więc zaczęłam mu tłumaczyć, kto, co i jak. W pewnym momencie powiedziałam mu, że chyba jednak nie kumam, o co chodzi. Ledwo skończyłam zdanie, a tu napisy. Koniec filmu. Oczywiście nie tego, który chcieliśmy obejrzeć. Spojrzeliśmy na siebie, potem na bilety i wróciliśmy do domu.
Czy to pierwszy mężczyzna, który nie budził podejrzeń, że widzi w tobie kobietę, a nie kogoś bardzo znanego i zamożnego?
Nigdy nie zadawałam się z ludźmi, których mogłabym podejrzewać, że właśnie tak mnie widzą. Mówię o każdym rodzaju znajomości. Osoby, które chciałyby potraktować mnie jak bankomat albo spotykać się ze mną na pokaz, z reguły wyczuwam z daleka i od razu odstawiam na bok. Najdłużej, chyba już od osiemnastu lat, przyjaźnię się z Maksymilianą Wandel. Znamy się jeszcze z kortów, ale nasza przyjaźń przetrwała, choć Maksi już od dawna nie gra,

Na dodatek – niezależnie od siebie – ubraliśmy się z Dawidem w koszule, więc napisali, że pasujemy do siebie.

a obie zawsze mieszkałyśmy w różnych miastach. Czasami nie widujemy się przez kilka miesięcy, ale kiedy wreszcie się spotkamy, to wydaje się, że od poprzedniego razu minął najwyżej dzień. Nadajemy na tych samych falach i nie mamy przed sobą tajemnic. Gdybym nie miała siostry, to na pewno Maksi byłaby świadkiem na moim ślubie. W Krakowie mam dwóch bardzo dobrych kolegów – Łukasza i Pawła. Znamy się od dwunastu lat i ani ze szkoły, ani z tenisa. Poznaliśmy się przez syna kolegi taty. To świetni faceci, dla których jestem po prostu dobrą koleżanką. Utrzymuję jeszcze kilka kontaktów z dziewczynami z liceum, głównie z Blanią i Karoliną, i z tenisa – z Madzią i Aśką. Te kontakty nie są oczywiście tak częste, jak bym chciała, ale kiedy tylko jestem w Krakowie, zawsze się widujemy.

Czym cię „kupił" Dawid?

Właśnie tym, że zobaczył we mnie kobietę. Na pewno także zaradnością, jest bardzo ustatkowany i uporządkowany. Mnie tych cech trochę brakuje, a u innych bardzo je cenię. I normalnością, dzięki czemu po treningu mogę spędzać czas jak każda inna dziewczyna. Już po mojej minie widzi, kiedy w turniejowej restauracji coś mi nie smakuje, i od razu, jeszcze nawet nie zdążę o to poprosić, idzie po sól do sąsiedniego stolika. Odciąża mnie od wszystkiego, czego nie lubię i nie muszę robić sama.

Jaki musi być mężczyzna, aby cię zainteresował?

Ważny jest wzrost, bo dobrze wpływa na ogólny wygląd faceta, ale przecież nie najważniejszy. Nie dlatego jestem z Dawidem, że

MĘŻCZYZNA MUSI MIEĆ PRZEDE WSZYSTKIM TO „COŚ".

Nie wyobrażam sobie, abyśmy mieli jeszcze się kłócić.

ma 186 centymetrów. To przecież tylko niuanse, mężczyzna musi mieć przede wszystkim to „coś". Jestem samodzielna i niezależna, ale nie ma we mnie materiału na feministkę, bo bardzo sobie cenię jego opiekuńczość i wręcz dżentelmeńskie maniery. U Dawida widać je już na pierwszy rzut oka. Fajnie mieć u boku takiego faceta. W udanym związku musi być i „chemia", i przyjaźń. U nas jest.

Ula żartuje, że zawsze wolałaś mężczyzn „poważnych, odpowiedzialnych, po prostu nudnych".

Jest w tym coś... A ona niedojrzałych chłopców, takich „krejzolów". Do tej pory tym się różnimy. Kiedy jedna z nas szła na randkę, druga żartowała: „Może on ma bliźniaka?". Wiadomo było, że taki bliźniak na pewno nie spodoba się drugiej z nas.

Czy Dawid pamięta o rocznicach?

Powiedzmy... Kupując prezenty, zawsze narzeka, że nie ma pojęcia, co bym chciała dostać, co by mi się spodobało. Trochę marudzi, a potem kupuje coś, czym jestem najczęściej zachwycona.

Mecz Polska-Rosja
w Krakowie.
Agnieszka Radwańska,
Dawid Celt
i Urszula Radwańska.

Kwiaty bez okazji?

Rzadko, ale rekompensuje mi to na co dzień ciągłą troską o mnie – nawet wtedy, gdy jesteśmy daleko od siebie.

Kolacja przy świecach?

Raczej śniadanie do łóżka. Oboje nie jesteśmy fanami świec, bo wydają się nam trochę sztuczne, mają w sobie coś z przedstawienia. Nie nasze klimaty. Jeśli ma być romantycznie, to wychodzimy na kolację do restauracji; jeśli zostajemy w domu, to wolimy usiąść na kanapie, chrupać czipsy, przytulić się do siebie i nawet obejrzeć w telewizji Federera.

W pracy Dawid, w domu Dawid... Gdzie i o co najczęściej się sprzeczacie?

Na początku w ogóle nie rozumiał, że można czegoś zapomnieć albo nie przywiązywać wagi do pewnych spraw. Miał pretensje, że olewam wiele rzeczy i zapominam prawie o wszystkim. Teraz sprzeczamy się już naprawdę rzadko. Nie wyobrażam sobie, abyśmy przy tym stylu życia, które prowadzimy, przy tej jego szybkości, stresie i ciągłych wyjazdach mieli jeszcze się kłócić. Nie dałabym rady tak funkcjonować i pewnie bym się wykończyła. Jak u każdej pary są różnice zdań, ale niekoniecznie muszą się kończyć awanturą.

Jeśli jednak już zdarzy się wam sprzeczka, to kto pierwszy wyciąga rękę na zgodę?

Raczej Dawid, ja jestem bardziej zawzięta. Taka wiedźma... A w ogóle nie lubię spierać się o drobiazgi; jeśli już, to o sprawy naprawdę dla mnie ważne.

Czy był taki moment, kiedy mówiliście o zerwaniu, bo wydawało wam się, że nie wytrzymacie ze sobą dłużej niż do końca turnieju?

Nigdy nie byliśmy nawet blisko takiego momentu. Wszyscy nam powtarzają, że w takim razie najgorsze dopiero przed nami.

JEŚLI MAM *WOLNĄ* GODZINĘ, TO WOLĘ POŚWIĘCIĆ JĄ NA ODPOCZYNEK NIŻ STANIE W KUCHNI.

Jak u każdej pary – są różnice zdań, ale niekoniecznie muszą się kończyć awanturą.

Stereotypy o relacjach między teściową a synową lub zięciem nie są miłe. Na co się zanosi w waszym przypadku?

Teściową będę miała super, poza tym trzech superszwagrów. Tylko teścia nie, bo już nie żyje. Bardzo fajna rodzina, świetnie się dogadujemy. Kiedy jedziemy z Dawidem z Warszawy do Krakowa, zawsze zatrzymujemy się w Częstochowie u jego mamy.

Jaką będziesz żoną, Dawid dopiero się przekona. A jaką panią domu?

Mam nadzieję, że dobrą. Lubię sprzątać, trochę gorzej z gotowaniem, bo nie umiem. Trudno być panią domu, kiedy tyle czasu co ja spędza się w hotelach. U siebie w domu tylko pomieszkuję. Dużo lepiej jako pani domu sprawdza się mój narzeczony, który stara się wyręczać mnie we wszystkim. Mówi, że to lubi...

Twój największy sukces i najbardziej bolesna porażka w kuchni...

Trudno mówić o prawdziwych sukcesach i porażkach, bo ja w domu jestem bardziej od odgrzewania niż gotowania. Nie będę się też chwaliła gotowaniem makaronu albo smażeniem jajecznicy. Całkiem dobrze wychodzą mi sałatki. Bardzo lubię z kurczakiem albo polędwicą. Sama też robię sosy na bazie jogurtu. Jestem fanką sosów, nienawidzę suchego jedzenia. Dawidowi smakują albo dobrze kłamie. Bardzo często zamawiamy jedzenie do domu, bo zanim się coś kupi, przyrządzi, zje i posprząta, minie kilka godzin, a my rzadko mamy tyle czasu. Jeśli mam wolną godzinę, to wolę poświęcić ją na odpoczynek, co doceni mój bolący kręgosłup, niż stanie w kuchni. A w ogóle mogę chyba powiedzieć, że jestem typowym warszawskim słoikiem, bo od mamy zawsze wracam z zapasem czegoś dobrego do jedzenia. No dobrze, przyznam się... Raz spaliłam zupę, bo zupełnie o niej zapomniałam. Przypomniały mi o niej smród i dym, dobiegające z kuchni. Nie, straży pożarnej nie trzeba było wzywać.

Jeśli ma być romantycznie, to wychodzimy na kolację do restauracji.

Mieszkanie urządza się dużo rzadziej, ale też dużo dłużej widać efekty. Kto podejmował decyzje, żeby kupić akurat te meble, żeby ustawić je w tym miejscu, ściany pomalować na ten właśnie kolor... To raczej moja działka. Lubię to robić, a Dawid najwyżej akceptuje mój wybór.

2

ROZDZIAŁ

O dwóch czarnych kotach, pilnowaniu córek, telefonie do Tomasza Wiktorowskiego, trzymaniu kasy, przecinaniu pępowiny, zakładach o „chamski przysiad” i słowie wartym 800 euro

workday
LEXUS

Wielu sportowców, w tym tenisiści, ma przesądy. Jedni unikają nadepnięcia na linię, drudzy kąpią się codziennie pod tym samym prysznicem, inni noszą w torbie coś na szczęście. A ty?

Ja też idę przeważnie pod ten sam prysznic i do tej samej ubikacji, ale jeśli są zajęte, to nie czekam, tylko macham ręką: „No dobra, trudno...". Szkoda czasu, bo przeważnie mi się śpieszy. Wczoraj dwa razy przebiegł mi przed autem czarny kot w dwóch miejscach, więc raczej dwa różne koty, ale to nie powód, aby zawracać i zmieniać trasę. Kiedyś byłam bardziej przesądna. Wchodząc na kort, wybierałam zawsze tę ławkę, na której siedziałam podczas poprzedniego meczu, bo okazała się szczęśliwa. Jednak teraz, kiedy jestem wyżej rozstawiona w turnieju od większości rywalek, już nie mam takiego wyboru. To one pierwsze wchodzą na kort i zajmują ławkę. Przecież ich nie przegonię.

A twoje otoczenie? Tomek chyba się nie goli, dopóki grasz w turnieju... A Dawid, Krzysiek, Jason?

W moim odczuciu chyba nie są przesądni. Jeśli mają jakieś przesądy, to nie są one związane z moim tenisem – albo ja o tym nic nie wiem.

Tenis kobiecy to specyficzne środowisko. Wchodzą do niego młode, jeszcze niedoświadczone życiowo, często naiwne dziewczyny, które łatwo otumanić i wykorzystać. Także finansowo. Was, ciebie i Ulę,

KILKU *WIELKICH* MISTRZÓW MIAŁO PROBLEM, KIEDY PO ZAKOŃCZENIU KARIERY ZOSTAWALI PRAWIE BEZ GROSZA.

uchroniła przed tym obecność taty i mamy, ale chyba miałaś okazję sporo zaobserwować. Nie pytam o nazwiska, tylko o zjawisko.

Pytasz o relacje damsko-męskie?

Damsko-damskie również.

Bardzo dobrze, że do pewnego momentu rodzice są obecni w tenisie kobiecym i pilnują swych córek. To prawda, że różne rzeczy działy się i dzieją w naszym środowisku. Wszyscy niby o nich wiedzą, ale nikt o tym głośno nie mówi. Wiemy kto i wiemy z kim, bo wszystkie mieszkamy na turniejach w tych samych hotelach i czy chcemy, czy nie, natykamy się na pary na korytarzach albo w windach. Mówię jednak – chcę to podkreślić – o już dorosłych ludziach. Dziewczyn szesnasto- czy siedemnastoletnich jest dziś w tourze znacznie mniej niż kiedyś, a te, które są, najczęściej jeżdżą jeszcze z rodzicami. Jeśli już, to takie historie mogą się dziać na niższym poziomie, na którym zawodniczek nie stać, by podróżować i z trenerem,

Z Tomkiem Wiktorowskim pracujemy już od prawie sześciu lat.

i z kimś z rodziny. W Polsce też zdarzały się różne rzeczy. Nie chcę o nich mówić w szczegółach, ale warto mieć świadomość takiego zagrożenia.

W tenisie jest jeszcze jedno poważne zagrożenie. To duże, bardzo duże pieniądze. Młody człowiek może zgłupieć, gdy przez jeden sezon zarobi więcej niż jego rodzice przez całe życie.

To przykre, ale takich przypadków jest naprawdę sporo. Tenisistki i tenisistów, którzy pochodzą z bogatych domów, można policzyć na palcach jednej ręki. Pewnie dlatego, że nie mają dostatecznej motywacji do ciężkiej pracy, aby przebić się na szczyt. Ci, którzy wcześniej nie mieli prawie nic, nagle zaczynają wydawać na prawo i lewo. Kilku wielkich mistrzów miało problem, kiedy po zakończeniu kariery zostawali prawie bez grosza. A o ilu przypadkach trochę mniej znanych zawodników nigdy się nie dowiedzieliśmy? Moim zdaniem to zjawisko bardziej dotyczy mężczyzn, którzy odczuwają potrzebę szpanerstwa. Wszystko zaczyna się od braku szacunku dla pieniędzy. Patrzę na to z bólem.

Współpracę z tatą jako trenerem zakończyłaś, będąc już dojrzałą zawodniczką. Można się domyślać, że Tomasz Wiktorowski cieszył się pełnym zaufaniem rodziny.

Znaliśmy się od dawna. Od 2008 roku był przecież kapitanem reprezentacji Polski w Pucharze Federacji, a potem często nam pomagał, jeżdżąc z jedną z nas na turnieje. Wiedziałam, że mamy podobne spojrzenie na wiele spraw, i już wtedy świetnie się dogadywaliśmy.

Decyzja o zmianie trenera dojrzewała w tobie dość długo, a jednak zapadła nagle, w środku sezonu, co świadczy o powadze sytuacji.

To był proces, ale moim zdaniem tę decyzję podjęłam i tak za późno o rok, a może nawet dwa. Już od dawna nic nam się z tatą nie kleiło na korcie i poza kortem. Jeśli przez wiele tygodni trzeba spędzać z kimś czas od rana do wieczora, a ten ktoś po prostu nas wkurza i nakręca, to staje się to nie do wytrzymania i przekłada się na tenis. Podczas meczu tata nie potrafił opanować emocji i nie wytrzymywał presji, co nie tylko mi nie pomagało, ale wręcz przeszkadzało w grze. A na koniec ta atmosfera przenosiła się jeszcze do domu.

Czy Tomek już czekał na twój telefon?

Chyba się go spodziewał, chociaż nie wiedział kiedy. Był wtedy trenerem reprezentacji Polski juniorek, z którą przebywał akurat na mistrzostwach Europy w Moskwie. Ja już byłam na turniejach poprzedzających US Open. Zadzwoniłam i powiedziałam, że go potrzebuję. Nie był zaskoczony. Polski Związek Tenisowy nie stawiał przeszkód,

JUŻ OD *DAWNA* NIC NAM SIĘ Z TATĄ NIE KLEIŁO NA KORCIE I POZA KORTEM.

więc Tomek szybko spakował manele i przyleciał do Stanów. I tak pracujemy już od prawie sześciu lat. Nie tylko się nie pozabijaliśmy, ale naprawdę dobrze się rozumiemy; mamy taką samą wizję i takie same cele.

Czy to wtedy przestałaś być „Isią", a zostałaś „Szefową"?

Pewnie tak... Nie wiem jednak, który z chłopaków pierwszy tak mnie nazwał. Ich musiałbyś spytać.

Podoba ci się to określenie?

Uważam, że jest nie tylko fajne, ale i prawdziwe. Od razu wiadomo, kto trzyma kasę... A już całkiem poważnie: nie każdy musi o tym wiedzieć, że w tenisie to zawodnik jest pracodawcą; on zatrudnia trenerów, sparingpartnerów, fizjoterapeutów, masażystów... Nie tylko płaci im honoraria, ale też pokrywa koszty podróży i hoteli, bo nie wszyscy organizatorzy turniejów zapewniają bezpłatne noclegi tenisistom i ich ekipom. Tak, podoba mi się bycie „Szefową", choć to określenie jest przede wszystkim żartem i dlatego bierzemy je w cudzysłów.

Są chyba trochę nieśmiali, bo prosili mnie, abym to ja spytał, dlaczego bekhend grasz uparcie przez środek siatki, zamiast – jak proszą – wzdłuż linii?

No bo różnie bywa. Każde uderzenie wychodzi trochę inaczej na treningu, a inaczej podczas meczu o punkty. Każdy mecz jest inny, a jak czegoś człowiek bardzo chce, to często za bardzo się napina, nakręca. Są dni, kiedy piłka mnie słucha, i są takie, kiedy nie bardzo.

W sprawy czysto warsztatowe dalej chyba nie warto się zagłębiać...

BEZ WIARY TATY I JEGO POŚWIĘCENIA NA PEWNO BYŚMY TERAZ NIE ROZMAWIALI. TO PRZEDE WSZYSTKIM JEGO ZASŁUGA.

Do warsztatu taty nie mam żadnych zastrzeżeń.

Nie warto tego robić tylko dla kilku ewentualnie zainteresowanych osób.

...więc powiedz, jakie są różnice między twoim tatą a Tomkiem w obserwowaniu meczu, reakcjach już po, w rozmowie o meczu podczas kolacji...

Różnią się przede wszystkim tym, że pod koniec mojej współpracy z tatą już praktycznie nie było rozmów. Doszliśmy do takiego stadium, kiedy każda wymiana zdań kończyła się kłótnią. Relacja córka–ojciec już nie istniała, był tylko trener z wszystkim na „nie". To był jedyny powód naszego rozstania na gruncie zawodowym. Do warsztatu taty nie mam żadnych zastrzeżeń. Trudno

Dla nas, tenisistek, ważniejsze jest, żeby trener był dobrym trenerem, nie modelem.

porównywać ojca z obcą osobą, bo – to oczywiste – zawsze chciał jak najlepiej. Wbrew opiniom ludzi pukających się w głowę, a było ich mnóstwo, i mówiących, że nigdy nie będziemy grały w tenisa, wierzył w nas od samego początku. Bez tej jego wiary i poświęcenia na pewno byśmy teraz nie rozmawiali. To przede wszystkim jego zasługa.

I stąd ten jego syndrom oblężonej twierdzy?

Tak, chyba właśnie tymi okolicznościami trzeba tłumaczyć nieufność taty do otaczającego go świata. Na początku ta nerwowość i złość były potrzebne, ale później, kiedy już dorosłyśmy, zaczęły przeszkadzać. Zresztą tata nadal nas traktuje jak malutkie córunie i chciałby we wszystko ingerować, o wszystkim decydować. Nie zauważył, że skończył się pewien etap, że tamte czasy już minęły, i to dawno. Swą opiekuńczość powinien powoli zachowywać dla wnuków.

W tenisie to nic niezwykłego, że rodzice są trenerami nawet dorosłych graczy.

TENIS SIĘ ZMIENIA, A NOWYCH POMYSŁÓW BRAK.

Mogłabym podać wiele przykładów, kiedy takie związki nie zostały przecięte w porę lub nadal funkcjonują ze szkodą dla zawodników. Sama dobrze wiem, jak trudna jest to decyzja, więc rozumiem tych, którzy jeszcze się na nią nie zdobyli. A raczej nie zdobyły, bo to problem dotyczący głównie dziewczyn. O nie, nazwisk nie podam! W żaden sposób nie można umniejszać zasług rodziców na pierwszych etapach kariery ich dzieci, ale wielu nie wie, kiedy należy oddać dziecko innemu trenerowi. Jest gdzieś granica, poza którą nie wystarczy już tylko rodzicielska miłość i dobre chęci. W pewnym momencie taki zawodnik przestaje się rozwijać. Dobrze, jeśli tylko zatrzyma się w miejscu, ale najczęściej zaczyna się cofać. Znakomitym przykładem właściwego spojrzenia na ten problem jest Judy Murray. Kiedy uznała, że już nie nauczy Andy'ego niczego więcej, wysłała go – a miał wtedy kilkanaście lat – do akademii tenisowej w Hiszpanii. Gdyby tego nie zrobiła, jego talent raczej nie rozwinąłby się w pełni. Nie można znać się na wszystkim, nie da się wszystkiego wiedzieć. Jeśli tenisista czy tenisistka już nie robią postępów, to tata trener czy mama trenerka powinni zrezygnować, żeby nie blokować dalszego rozwoju. A im się chyba wydaje, że jak razem doszli na szczyt, to już zawsze na nim pozostaną. Nic z tego, bo w pewnym momencie wchodzi się w inny świat, gdzie zaczyna się tenis na nieznanym dotąd poziomie. Tenis się zmienia, a nowych pomysłów brak.

Poproszona o wymienienie trzech największych zalet Tomka, odpowiedziałaś kiedyś: „Cierpliwość, cierpliwość i jeszcze raz cierpliwość". Więcej zalet nie ma?

Hm... Moim zdaniem jego zaletą jest to, że do wszystkiego ma dystans. No i na pewno pracowitość. Ogląda mecze innych tenisistek, analizuje statystyki, po prostu odrabia pracę domową.

Spotkałem się z opinią, że między wami, tenisistkami, toczy się także rywalizacja o to, czyj trener jest bardziej przystojny. Jeśli to prawda, to jak w tym rankingu wypada Tomek?

Nieprawda, bo dla nas, tenisistek, ważniejsze jest, żeby był dobrym trenerem, nie modelem. Jeśli już, to zdarza się, że na ten aspekt zwracają uwagę fizjoterapeutki czy dziewczyny zatrudnione w biurze turnieju. Kilka razy nasłuchałam się różnych ochów i achów, zanim zorientowałam się, że mówiły właśnie o Tomku. Szkoda, że nie dało się tego wykorzystać na przykład w zapisach na bardziej mi odpowiadającą godzinę treningu. Chociaż... Dopiero teraz przypomniałam sobie, jak kiedyś, gdy ja pracowałam z Tomkiem, a Ula z Maćkiem Synówką, dziewczyny pytały nas, czy my bierzemy trenerów z castingu do *Top Model*.

Kiedy i w jakich okolicznościach do twojego zespołu szkoleniowego dołączył Dawid?

Zaczęło się, podobnie jak w przypadku Tomka, jeszcze wcześniej, bo od zgrupowań przed meczami Pucharu Federacji, podczas których Dawid był naszym sparingpartnerem. Pracowałam z nim także podczas turniejów Masters w Stambule w 2011 i 2012 roku, więc znaliśmy się już dość długo. Na stałe dołączył mniej więcej wtedy, kiedy zaczęliśmy się spotykać, czyli w 2013 roku. Tomek potrzebował kogoś do pomocy, bo trudno jeździć na wszystkie turnieje i być na każdym treningu.

Dlaczego tak szybko zakończyła się twoja współpraca z Martiną Navrátilovą?

To była nasza wspólna decyzja, podyktowana przede wszystkim tym, że Martina nie chciała podjąć się pracy na cały etat. Przesądził wyłącznie jej kalendarz, rodzina i wcześniejsze zobowiązania zawodowe. Rozstałyśmy się w pełnej zgodzie, spotykamy się na wielu turniejach i jeśli tylko możemy, zawsze umawiamy się na kolację.

Bez fizjoterapeutów, Krzyśka Guzowskiego i Jasona Israelsohna, mogłaś się obejść na początku kariery. Ostatnio mają czasem przy tobie więcej roboty niż Tomek i Dawid na korcie... Jak ich sobie dobrałaś?

Krzysiek pracował wcześniej dla PZT, więc już mieliśmy styczność, a potem zarekomendował go Tomek, bo znają się już od wielu lat. Wyszło to całkiem naturalnie. Jason, którego poznałam w Australii tak naprawdę przypadkiem, dołączył jako zmiennik Krzyśka. Każdy ma przecież rodzinę, podzielili zatem sezon tak, aby było im wygodniej i żeby mogli latać jak najmniej. Z grubsza jest tak, że Krzysiek jeździ ze mną na turnieje europejskie, Jason na azjatyckie i australijskie, a amerykańskimi dzielą się zależnie od możliwości. Wszystkim nam ten układ pasuje, a ja nie muszę być zdana na przypadkowych masażystów.

Nie znam człowieka, który nigdy by nie zaklął. Czy twoim trenerom też się to zdarza?

Pewnie, ja też, co tu dużo mówić, czasem zaklnę. Są sytuacje, w których nikt nie powie: „Motyla noga!", tylko coś bardziej dosadnego. Na korcie są przecież nerwy, są emocje... Jak lepiej wyrazić wściekłość po przegranym meczu? Najgorzej ma Andy Murray, który przeklina po angielsku, co większość kibiców znakomicie rozumie. Ja też nie znam tenisisty, który nie klnie. Jeśli ktoś zaprzecza, to znaczy, że kłamie. To zresztą widać i słychać także w telewizji.

Sędziowie mają ściągawki z przekleństwami w wielu językach, także po polsku. Czy zdarzyło ci się zapłacić karę z tego powodu?

Raz, więc dobrze pamiętam. To było w Madrycie, na korcie, na którym jest wyjątkowa akustyka, bo tuż obok stoi blaszana hala. Grałam oczywiście z Pironkową, bo spotykamy się na co trzecim turnieju. Zepsułam jakąś piłkę, nie było zatem oklasków, zresztą ludzi na trybunach też nie za wiele. No i poszła „K...!", która

W życiu bywają gorsze rzeczy niż porażka na korcie, która może się zdarzyć co tydzień.

jeszcze odbiła się echem od blaszaka. Sędziowała Marija Čičak. Jest Chorwatką, więc nawet nie musiała zaglądać do tej lingwistycznej ściągawki.

Na ile został wyceniony ten jeden z najczęściej używanych wyrazów w języku polskim?
Na 800 euro, ale nie mam do sędzi o to pretensji, bo przepisy powinny być jednakowe dla wszystkich. Należało mi się. No i warto było, bo wygrałam ten mecz.
A poza kortem przeklinasz?
Raczej nie, bo zwykle nie czuję takiej potrzeby. Jeśli już, to wtedy, gdy coś opowiadam i używam mocniejszego „przecinka" dla podkreślenia czegoś. Albo w samochodzie. Jadę lewym pasem, oczywiście akurat gdzieś bardzo się śpieszę, a tu jak na złość ktoś, kto będzie skręcał w lewo za sześć kilometrów, wlecze mi się przed maską. Szlag mnie wtedy trafia! Tak, wtedy po prostu nie da się nie zakląć. Kto tych ludzi uczył jeździć, kto im dał prawo jazdy?! Z równowagi wyprowadza mnie także sytuacja, kiedy nie działa internet, a ja właśnie muszę szybko załatwić ważną sprawę, czekam na mejla albo chcę go wysłać. Zwłaszcza w Chinach, gdzie nie tylko się zawiesza, ale jest jeszcze blokowany. W ogóle czasem mam wrażenie, że internet działa jak winda z *Seksmisji* – na hasło, które zna jedynie Jej Ekscelencja.
Innym sposobem uzewnętrzniania emocji są łzy. Wiele tenisistek ich nie kryje i płacze na korcie, przed kamerami. A ty nie. Dlaczego? Taki z ciebie twardziel?
Nie, po prostu uważam na makijaż. A poważnie... Rozumiem złość, przekleństwo, złamanie rakiety albo łzy radości po wielkim zwycięstwie. Jest wiele dziewczyn, które po przegranym meczu – nieważne w jakim turnieju, w której rundzie i z kim – od razu w ryk. W życiu bywają gorsze rzeczy niż porażka na korcie, która może się zdarzyć co tydzień. Wiadomo, że każda chce wygrać, ale to jest trochę dziwne, gdy przegra taka z Sereną Williams, a rozpacza, jakby jej rodzinę wytłukli. Ja nie z tych.
Trening tenisistów nie jest aż tak nudny jak choćby w przypadku pływaków, ale zawsze dobrze urozmaicić sobie monotonię zajęć. Masz jakieś „swoje" metody?

Jedną z moich ulubionych zabaw są zakłady z Tomkiem albo Dawidem o to, czy trafię serwisem w puszkę piłek. Zakładamy się o „chamski przysiad", czyli taki z szeroko rozłożonymi rękami, wykonywany na środku kortu i najlepiej na oczach innych osób. Kiedyś trafiłam dwie z rzędu. Chłopaki nie wierzyli, że trafię trzecią, i podnieśli stawkę do trzydziestu pompek. Robili... Urozmaicenie treningów tak, aby nie były identyczne, chociaż wiele elementów trzeba powtarzać aż do bólu, to jednak rola Tomka. Inni mogą w pracy pograć na komputerze albo poplotkować ze znajomymi na Facebooku, a ja muszę odbić te tysiące forhendów i bekhendów.

Kiedyś wspomniałaś, że w Stuttgarcie założyłaś się o dolara z Franceską Schiavone o to, w której ćwiartce drabinki turniejowej zostaniecie rozlosowane. Czy to częsta rozrywka podczas zawodów?

Nie, ale zdarza się. Raz założyłam się z pracownikiem WTA – tym, który pośredniczy w kontaktach między tenisistkami a dziennikarzami – bo nie mogliśmy się zgodzić, w którym roku zagrałam w półfinale jakiegoś turnieju. No i przegrałam pięć dolarów. Najczęściej zakładam się jednak z Dawidem, kto wygra mecz, o której skończą i tym podobne. Chodzi o to, aby skrócić sobie czas oczekiwania na swój pojedynek.

Po raz pierwszy rakietę do ręki wzięłaś w Gronau, gdzie od razu wygrałaś zawody dla kilkuletnich dzieci w trafianiu piłką do celu. Czy to właśnie, twoim zdaniem, jest talent?

Chyba tak... Przypadkowo można trafić raz, ale nie wygrać ze wszystkimi. No tak, mam to coś, co dostałam od Boga. Nauka kolejnych uderzeń tenisowych zawsze przychodziła mi dość łatwo, łatwiej niż innym, chociaż moje warunki fizyczne jak na tę dyscyplinę sportu nie są nadzwyczajne. I już nie będą, więc muszę sobie radzić tym, co mam. A mam raczej dobrą rękę do tenisa.

Dość szybko wygrałaś pierwszy turniej zawodowy. Miałaś wtedy szesnaście lat i trzy miesiące, ale nie wiek jest w tym przypadku najważniejszy – to był twój dopiero dziesiąty start w karierze!

Każdy mecz jest inny, a jak czegoś człowiek bardzo chce, to często za bardzo się napina, nakręca. Są dni, kiedy piłka mnie słucha, i są takie, kiedy nie bardzo.

Takie turnieje są zaledwie wstępem do zawodowego tenisa, jakby przejściem z gimnazjum do liceum. Skończyło się granie z dziećmi, a zaczęła rywalizacja z dorosłymi kobietami. One nie odpuszczają żadnego punktu, nie obrażają się na piłkę, bo krzywo się odbiła, nie płaczą, gdy przegrywają. To zupełnie inny tenis, inna mentalność na korcie.

Zarobiłaś wtedy 1568 dolarów. Co zrobiłaś z wygraną? Dla szesnastolatki to kupa forsy.

Pamiętam, bo tak zawsze robiłam, że końcówkę zostawiłam sobie na drobne wydatki, a prawie całą sumę oddałam rodzicom, abyśmy mieli na wyjazdy na kolejne turnieje. Na tym etapie kariery ważniejsze od pieniędzy są jednak punkty rankingowe, bo to tak naprawdę one pozwalają przesuwać się w hierarchii i grać w coraz większych turniejach. Również o coraz większe pieniądze.

Czy dzięki temu zwycięstwu nabrałaś pewności, że idziesz właściwą drogą, że wielka kariera to tylko kwestia czasu, że wybrałaś odpowiedni zawód?

Zawód to mi wybrał tata, za co będę mu wdzięczna do końca życia. Nie, ja nie stawiałam sobie takich celów, że na koniec tego sezonu muszę być w rankingu WTA osiemsetna, a za rok pięćsetna. Patrząc na ranking, wybierałam sobie kolejne Polki, które chciałam przeskoczyć w tej klasyfikacji. Było ich naprawdę niewiele, na początku kilkanaście, później już dosłownie kilka.

Aż została tylko jedna. Przeskoczyłaś Martę Domachowską i tak zostałaś najlepszą tenisistką w Polsce.

Marta była wtedy klasyfikowana około pięćdziesiątego miejsca na świecie. Do tej pory wydawało mi się, że dostać się tam będzie strasznie trudno, że to są jakieś Himalaje moich możliwości, że na pewno nie uda mi się wyprzedzić Marty. Dla mnie samej było to wielkie zaskoczenie, że jednak się udało, a jeszcze większe, że to wszystko stało się tak szybko. Pisząc maturę w wieku osiemnastu lat – przypominam, że poszłam do szkoły rok wcześniej – by-

NA TYM ETAPIE *KARIERY* WAŻNIEJSZE OD PIENIĘDZY SĄ JEDNAK PUNKTY RANKINGOWE.

łam już w czołowej pięćdziesiątce rankingu, a sezon skończyłam w trzydziestce. Dopiero wtedy zdałam sobie sprawę, że mogę grać na światowym poziomie. I naprawdę był to dla mnie inny, wręcz abstrakcyjny świat. Nie wiedziałam, że po meczu mogę pójść do fizjoterapeutki, że muszę pójść na konferencję prasową, że na każdym kroku spotkam dziewczyny, które do tej pory widziałam tylko w telewizji. Zastanawiałam się, co ja, mała „Isia”, między nimi robię.

Prosiłaś kogoś, aby cię uszczypnął, żebyś mogła sprawdzić, czy to sen, czy jawa? Bardzo szybko wszystko się działo: maj 2005 wygrywasz mały turniej na Ursynowie; czerwiec 2006 jesteś w czwartej rundzie Wimbledonu...

Wtedy jeszcze nie miałam pojęcia, czy to się dzieje bardzo szybko, czy raczej w normalnym tempie. Kiedy jednak dostałam dziką kartę do turnieju głównego Wimbledonu, pomyślałam sobie, że to chyba jakaś abstrakcja. Bałam się, że w pierwszej rundzie dostanę 6:0, 6:0 i tak się skończy ten sen. Z jednej strony budziło to we mnie obawy, a z drugiej motywowało. Na kort wychodziłam już bez strachu i po prostu grałam swoje. Wtedy jeszcze nie zdawałam sobie sprawy z własnych umiejętności, które już w wielkoszlemowym debiucie pozwoliły mi wygrać trzy mecze. Przegrałam dopiero z Kim Clijsters, wtedy drugą tenisistką świata. Zaledwie rok wcześniej Wimbledon znałam tylko z telewizji. W 2005 roku, gdy grałam jeszcze w kategorii juniorek, nie od razu zobaczyłam, jaki jest naprawdę. Juniorzy mają swoje szatnie, swoje restauracje, swoje korty treningowe i prawie żadnego kontaktu z gwiazdami. Pamiętam jednak, jak pewnego razu przez nasz pawilon przeszedł

z dwiema rakietami pod pachą Lleyton Hewitt, mistrz sprzed trzech lat. Na jego widok wręcz zesztywniałam i patrzyłam za nim, dopóki nie zniknął za drzwiami.

Kto był twoją idolką, idolem, kiedy byłaś jeszcze początkującą tenisistką?

Martina Hingis, siostry Williams, Steffi Graf, Andre Agassi, Pete Sampras... Venus i Serena oczywiście dlatego, że to też siostry. Przede wszystkim jednak Martina, ponieważ udowodniła, iż można wygrywać nie mięśniami, ale sprytem i techniką.

Jakie to uczucie wyjść na kort i mając osiemnaście lat, pokonać Hingis, swą największą idolkę, wówczas szóstą rakietę świata?

To był szok! Spotkałam się na korcie z kimś, kogo do tej pory oglądałam tylko w telewizji. Wydawało mi się to strasznie nierealne. Dopiero po kilku meczach z zawodniczkami tej klasy zdałam sobie sprawę, że to się dzieje naprawdę, że wchodzę na ich poziom i będę się z nimi spotykała coraz częściej. Zaczęło do mnie docierać, ale na razie bardzo powoli, że coraz bliżej mi do poziomu światowego, aż w końcu sama znalazłam się w pierwszej dziesiątce rankingu.

Gwiazdy kobiecego tenisa – Martina Hingis, Martina Navrátilová czy Lindsay Davenport – zauważyły nie tylko twój awans do czołówki, ale również efektowny dla oka, bardzo lubiany przez widzów styl gry. Czy nie zakręciło ci się w głowie od tych zachwytów?

Zawsze jest bardzo fajnie usłyszeć miłe słowa od takich tenisistek jak te, które wymieniłeś. Ale dlaczego od razu miałoby mi coś się w głowie przewrócić? Te opinie były dla mnie przede wszystkim bardzo motywujące. Zresztą nie robiłam niczego nadzwyczajnego, bo po prostu mój styl gry jest akurat taki; ja się z nim wręcz urodziłam. Mogłabym stawać na głowie, a nijak nie zaczęłabym grać inaczej.

Czy jest mecz, o którym powiedziałabyś, że był przełomowy w twojej karierze, że otworzył ci drzwi do wielkiego świata? Ten z Anastazją Myskiną w Warszawie w 2006 roku? Rosjanka zajmowała wtedy dwunaste miejsce w rankingu WTA, ty byłaś 502.

Podczas debiutu w US Open Agnieszka przeszła eliminacje i pierwszą rundę turnieju głównego.

Myślę, że tak. To było moje pierwsze zwycięstwo nad zawodniczką z czołówki światowej. Gdybym ten mecz przegrała, to nie dostałabym dzikiej karty do turnieju głównego na Wimbledonie, a tylko do eliminacji, i moja droga trochę by się wtedy wydłużyła. Trudno jednak powiedzieć, jak bardzo. W każdym razie dużo większe znaczenie od poczucia, czy był to dla mnie mecz przełomowy, czy nie, miały zdobyte wtedy punkty rankingowe. Dzięki nim przeskoczyłam na poziom turniejów WTA, które od ITF-owskich, a tym bardziej juniorskich, dzieli przepaść. Szybko przekonałam się, że jeśli nawet jeszcze nie wygrywam z najlepszymi, to już mogę z nimi powalczyć.

Tenis to sport indywidualny. Nie pomoże tatuś oglądający mecz przez ogrodzenie, niewiele dadzą – niedozwolone zresztą w trakcie gry – podpowiedzi trenera. Jak sobie radzisz, kiedy na korcie zostajesz sama?

W dyscyplinach zespołowych trener ma nawet możliwość zmiany zawodników, którzy akurat grają gorzej. W tenisie praca najlepszego nawet trenera kończy się tuż przed meczem, a potem wszystko jest już tylko w rękach i głowie tenisisty. Pewnych zachowań można się nauczyć, pewne reakcje przychodzą wraz z doświadczeniem, ale o wyniku bardzo często decydują nieuchwytne detale. Wszystkie tenisistki z czołówki potrafią dobrze i mocno zagrać forhend i bekhend, bo to można wytrenować. Dlatego najważniejsza jest właśnie „głowa". Kilka razy miałam okazję poodbijać piłkę z kilkoma Polkami. „Ależ ona gra!" – myślałam. Chyba w każdym sporcie, nie tylko w tenisie, są zawodnicy, którzy świetnie spisują się na treningach, biją na nich rekordy, a kiedy wystartują w zawodach – przegrywają. Talent polega chyba również na tym, aby grać tym lepiej, im trudniejszy rywal i wyższa stawka pojedynku.

W 2005 roku, podczas finału Wimbledonu w kategorii juniorek, trener Tamiry Paszek, który siedział blisko mnie, w pewnym mo-

W sukcesach Agnieszki mają udział także Tomasz Wiktorowski, Jason Israelsohn i Dawid Celt.

mencie zwątpił w sukces swojej zawodniczki. Dość głośno powiedział: „Radwańska gra zbyt mądrze". Czy do opinii, że wygrywasz głową, zdążyłaś się przyzwyczaić?

To chyba widać gołym okiem, że nigdy nie będę miała takich warunków fizycznych jak większość dziewczyn. W czasach juniorskich wiele z nich nadrabiało różne braki siłą uderzeń i wygrywało z rówieśniczkami, które wyglądały jeszcze jak dzieci. Później te różnice oczywiście się zacierają, ale przecież nie wszystkie. Owszem, są tenisistki niższe ode mnie, ale figury atletki to raczej nie mam,

Mniejsza czy większa złość zawsze gdzieś we mnie siedzi, ale staram się jej nie okazywać.

prawda? Dwieście kilometrów na godzinę to ja mogę zaserwować tylko wtedy, jeśli dodamy do siebie prędkość pierwszego i drugiego podania, a i to nie zawsze, więc muszę czymś nadrabiać. Nadrabiam czuciem w rękach, głową...

Wygrałaś dwa turnieje Wielkiego Szlema w kategorii juniorek, Wimbledon i Roland Garros, ale to kilku twoim rówieśniczkom przepowiadano większą karierę.

Jewgienija Rodina, Alisa Klejbanowa czy Wiesna Manasijewa jako juniorki grały niesamowicie! Mówię głównie o Rosjankach, ale były też Niemki i Czeszki. Od Żeni nieustannie dostawałam bęcki. Sama bym dała sobie rękę uciąć, że kiedyś znajdą się na szczycie, a skończyły pod koniec pierwszej setki albo w połowie drugiej. I przeciwnie, Petra Kvitová nie miała oszałamiających wyników w kategorii juniorek, a potem dwa razy wygrała „dorosły" Wimbledon. Wniosek z tego taki, aby nie wyciągać pochopnych... wniosków. Zwłaszcza w przypadku dziewczyn, bo jedna dojrzewa wcześniej, druga później, jedna szczyt możliwości osiąga jako nastolatka, a inna, będąc już dorosłą kobietą. Najważniejsza jest jednak praca. Łukasz Kubot na pewno się nie obrazi, że podam jego przykład. Zresztą sam powtarza, że nie ma talentu do tenisa, tylko do pracy. I tą pracą doszedł do 41. miejsca w rankingu ATP w singlu i siódmego w deblu. Nie znam drugiego takiego tenisisty, który byłby tak profesjonalny w każdym calu. Szacun przez wielkie „S"! Wielu polskich tenisistów powinno uczyć się tego od Łukasza.

Na korcie, w przeciwieństwie do większości rywalek, a także Uli, zwykle imponujesz spokojem, od czasu do czasu widać najwyżej jakiś grymas na twojej twarzy. To cecha wrodzona? Czy wytrenowana umiejętność?

Z wiekiem łatwiej panować nad emocjami. Mniejsza czy większa złość zawsze gdzieś we mnie siedzi, ale staram się jej nie okazywać. Lepiej zapomnieć o nerwach i skoncentrować się na kolejnej piłce, zamiast się rozpraszać myśleniem o tym, co już było. Są jed-

Z przyjaciółmi w Krakowie.

nak tacy zawodnicy, którzy grają tym lepiej, im bardziej się „nakręcą". Na przykład Andy Murray – złości się, ale wygrywa.

Wielką sztuką jest także samodzielne wyciąganie wniosków z tego, co dzieje się na korcie. Grają dwie zawodniczki, a oba plany taktyczne nie mogą się sprawdzić, tymczasem nie zawsze można poprosić trenera o pomoc.

Na korcie tenisista jest sam, tego zawsze uczył mnie tata, do tego przyzwyczajał. Co innego mieć nawet najlepszy plan, a co innego umieć go zrealizować. Jeśli coś nie idzie, trzeba szybko znaleźć tego przyczynę. Jeśli jest po mojej stronie, jeśli to ja gram źle, a rywalka po prostu tak sobie, to trzeba coś zmienić w taktyce. Inaczej, kiedy przeciwniczka gra rewelacyjnie dobrze i na dodatek szczęśliwie, a ja przegrywam, chociaż wszystko robię poprawnie. Wtedy trzeba po prostu wybijać ją z rytmu i zmuszać do błędów. Tylko z Sereną i może jeszcze kilkoma innymi dziewczynami można zagrać na swoim najwyższym poziomie, a i tak dostać w d... 2:6, 1:6.

ROZDZIAŁ

3

O złotej rybce, bardzo długiej drodze do Singapuru, wychodzeniu z dołka, biletach na mecz Barcelony, turniejowych plusach i minusach, kumulacji w Wielkim Szlemie i niezbyt mądrych pytaniach

Gdyby złota rybka pozwoliła ci zmienić wynik jednego przegranego meczu, to który byś wybrała? Finał Wimbledonu 2012, półfinał rok później czy może jeszcze inny?

Zdecydowanie finał. Tym bardziej że gdybym wtedy wygrała z Sereną, to awansowałabym nie na drugie, ale na pierwsze miejsce w rankingu. I był to naprawdę dobry mecz.

Do stanu 2:2 w trzecim secie mogło się zdarzyć naprawdę wszystko. I wtedy Williams zaserwowała cztery asy z rzędu...

No tak. Wtedy praktycznie skończył się ten mecz.

Dziś opowiadasz o tym bardzo spokojnie, a jak było wtedy? Jak przed grą przeżywałaś finał?

Sporo finałów w życiu zagrałam, ale ten był naprawdę szczególny. Bo do półfinału wszystko idzie normalnie, jak w każdym

DLA SERENY *FINAŁ* WIELKIEGO SZLEMA TO PRZECIEŻ CHLEB POWSZEDNI, A JA DOPIERO PO TYM MECZU MOGŁAM POWIEDZIEĆ, ŻE JUŻ WIEM, JAK TO JEST.

Igrzyska w Tokio dopiero za trzy lata, a ja nie mam pojęcia, co będę wtedy robiła, czy i jak będę jeszcze grała.

innym turnieju mecz, konferencja prasowa, zabiegi fizjo, po prostu rutyna. Aż tu nagle, dosłownie minutę po zakończeniu półfinału, świat zaczyna się kręcić tylko wokół dwóch tenisistek. W szatni pustki, a my wszędzie na zdjęciach, w gazetach, w telewizji, na konferencjach prasowych, nawet w dniu poprzedzającym finał, kwiaty przed wejściem na kort, pełne trybuny, loża królewska również...

To wszystko naprawdę buduje napięcie. Kiedy wyszłam na kort centralny, niemal nie mogłam ruszać głową, a w gardle czułam kluchę – tak bardzo byłam zdenerwowana. Później to wszystko puściło, ale kosztowało mnie pierwszego seta. Dla Sereny finał Wielkiego Szlema to przecież chleb powszedni, a ja dopiero po tym meczu mogłam powiedzieć, że już wiem, jak to jest.

Czy wolałabyś, aby między półfinałem a finałem nie było dnia przerwy?

Trochę tak i nie, to zależy. Moja głowa chyba tak by wolała, ale ten dzień wolny dobrze robi mięśniom. Zwłaszcza na Wimbledonie i zwłaszcza po tak długim i trudnym ćwierćfinale z Marią Kirilenko.

Pod każdym względem ten mecz z Rosjanką był znakomitym widowiskiem – nie tylko dramatycznym, ale i pięknym.

I niezwykłym z tego powodu, że po raz pierwszy w historii turnieju mecz zaczął się na jednym korcie, a skończył na innym. Zaczęłyśmy na „jedynce", ale z powodu deszczu musiałyśmy zmykać do szatni. Byłyśmy przekonane, że wrócimy dopiero następnego dnia, ale akurat zwolnił się kort centralny, wtedy już z dachem, i wbrew zwyczajowi zostałyśmy tam przeniesione. I jeszcze ktoś nam powiedział, że dobrze by było, abyśmy skończyły przed dwudziestą trzecią, bo potem nawet na centralnym już nie da się grać. Udało się...

O meczu z Sabine Lisicki na Wimbledonie w 2013 roku najczęściej mówi się w kontekście dwóch punktów, które dzieliły cię nie tylko od awansu do finału, ale – to bardzo prawdopodobne – zwycięstwa w turnieju, bo z Marion Bartoli zawsze radziłaś sobie łatwo lub bardzo łatwo i nigdy z nią nie przegrałaś. Już po zakończeniu kariery Francuzka powiedziała nawet w jednym z wywiadów, że tęskni za tenisem, ale nie za meczami przeciwko tobie.

Być może, ale już nikt nie pamięta o moich kłopotach ze zdrowiem. Niewiele przesadzę, jeśli powiem, że byłam wtedy tenisistką jakby

W trudnym ćwierćfinale Wimbledonu z Marią Kirilenko w 2012 r.

Agnieszka z pucharem za zwycięstwo w mistrzostwach WTA w Singapurze w 2015 r.

bez nóg. Fakt, sama sobie nie ułatwiałam zadania, bo w trzech kolejnych meczach grałam po trzy sety, a wiadomo, jak trawa wchodzi w nogi. Nie byłam gotowa fizycznie na tak ekstremalny wysiłek przez dwa tygodnie. Nie mogłam wejść ani zejść po schodach, takie łapały mnie skurcze. Na korcie tego bólu aż tak nie czułam, bo adrenalina swoje robi, a opatrunki utrzymywały mnie w jednym kawałku. Nie wiem, jak bym wyglądała w finale po kolejnych trzech setach. Marion zagrała bardzo dobry mecz. Na pewno pomogło jej doświadczenie, bo już wcześniej była w finale Wielkiego Szlema, a Sabina jeszcze nie – i to ją, co tu dużo mówić, po prostu przerosło. Jednak żal oczywiście jest; tym większy, że przegrałam ten półfinał 7:9 w trzecim secie. Nie da się ukryć, że szansa na tytuł wielkoszlemowy była ogromna, ale finał to finał – presja jest zawsze. Poza tym w sporcie nigdy nie można niczego zakładać ze stuprocentową pewnością. Pewne jest tylko to, że już nigdy się nie dowiemy, jak by ten ewentualny mecz z Bartoli się skończył. Pamiętam, że potrzebowałam dokładnie tygodnia, aby znów poczuć się sobą i fizycznie wrócić do normy.

A ja pamiętam, jak po porażce z Lisicki długo walczyłaś ze łzami napływającymi do oczu. To wyjątkowa reakcja na wyjątkowy mecz? Czy zwykła reakcja po przegranym pojedynku?

Gdybym zdobyła tylko dwa gemy i zeszła z kortu wysoko pokonana, powiedziałabym sobie: „Było miło, dziękuję bardzo, i do następnego razu". Ten mecz kosztował mnie jednak wiele emocji i jeszcze długo czułam żal, że tak wielka szansa mi uciekła. Podczas konferencji prasowej, o której mówisz, momentami faktycznie walczyłam sama ze sobą, żeby nie rozbeczeć się przed wami.

Zostawmy Wimbledon i powspominajmy Mistrzostwa WTA 2015 w Singapurze. To najbardziej prestiżowy tytuł w twojej karierze.

To był dziwny sezon, zupełne przeciwieństwo poprzedniego. W 2014 – od sierpnia i zdobycia tytułu w Montrealu aż do końca roku – nie mogłam wygrać więcej niż dwóch meczów z rzędu. Z kolei 2015 zaczął się słabo. Wtedy dopadło mnie znużenie i przemęczenie tenisem. Przez całą zimę i wiosnę poza kortem czułam się znakomicie, ale kiedy wychodziłam na trening albo mecz, już w piątej minucie gry miałam wrażenie, że jestem na korcie od pięciu godzin. Zrobiłam badania, bo bałam się, że może przyplątała się jakaś mononukleoza albo coś podobnego, a tu poza czarnymi worami pod oczami dosłownie nic. Wyniki nie były rewelacyjne, ale też żadnych powodów do paniki. Nadal jednak nie wiedziałam, co się dzieje. Po jakimś czasie zaczęłam dużo lepiej grać na treningach, natomiast na mecze w ogóle to się nie przekładało. To nadal dla mnie niewytłumaczalne, bo niczego nie zmieniałam, cały czas trenowałam tak samo, ale w Eastbourne, czyli tuż przed Wimbledonem, obudziłam się w hotelu i poczułam, jakby wszystko ręką odjął, jakby ktoś mnie odczarował. Finał Eastbourne, znów półfinał Wimbledonu i już dalej poszło.

Poszło, ale aż do ostatniej chwili musiałaś walczyć, aby w ogóle zakwalifikować się do mistrzostw WTA, czyli najlepszej ósemki kobiecego tenisa.

Musiałam grać praktycznie co tydzień. Kończyłam jeden turniej i już pędziłam na następny. Finał w Tokio był w niedzielę późnym wieczorem, a już w poniedziałek miałam mecz w Wuhanie. Co prawda dyrektor turnieju w Tokio zapewnia finalistkom prywatny samolot, ale i tak wszystko działo się bardzo szybko: koniec meczu, ceremonia dekoracji, kilka zdjęć, walizki pod pachy i jazda na lotnisko.

WYNIKI NIE BYŁY *REWELACYJNE*, ALE TEŻ ŻADNYCH POWODÓW DO PANIKI. NADAL JEDNAK NIE WIEDZIAŁAM, CO SIĘ DZIEJE.

Po meczu z Mariją Szarapową w 2015 r.

I to jest różnica między turniejami w Tokio a na przykład w Olecku, gdzie organizatorzy zapewniali tenisistkom transport na przystanek PKS. Sam podwoziłem dziewczynę śpieszącą się prosto z kortu na autobus, w którym się później przebierała.

Ha, ha, ja kilka razy przebierałam się w samolocie!

Początek turnieju w Singapurze nie wróżył ci jednak największego sukcesu w karierze.

Wtedy byłam już bardzo zmęczona fizycznie. W ciągu czterech tygodni wystartowałam w czterech turniejach – w Tokio i Tiencinie wygrałam, w Pekinie byłam w półfinale, a w Wuhanie odpadłam w pierwszej rundzie po porażce z Venus Williams.

W sumie aż osiemnaście meczów!

A po tym wszystkim tylko tydzień odpoczynku. Mecze z Flavią Pennettą i Marią Szarapową były bardzo wyrównane, ale przegrane. No i przyszedł ten tiebreak w pojedynku z Halep, który długo będę pamiętała, a Simona jeszcze dłużej... Byłam już naprawdę bliska rezygnacji. Przegrywałam, a wtedy ręka i głowa łapią jakiś luz. Mnie wszystkie piłki zaczęły wchodzić, a jej wręcz przeciwnie. Wygrałam ten set, a drugi poszedł już z górki. Do awansu do półfinału potrzebowałam jednak zwycięstwa Marii nad Flavią. Położyłam się na kozetce, Jason zaczął mnie naprawiać, ale z nerwów nie mogliśmy oglądać tego meczu, więc wyłączyliśmy telewizor i tylko od czasu do czasu sprawdzaliśmy wynik. Gdy Pennetta wysoko prowadziła w pierwszej partii, chcieliśmy już się pakować. Aż tu nagle set dla Szarapowej, a wkrótce i mecz. Wtedy jakbym się obudziła, dostała nowe życie. „Masuj, masuj! Przyłóż się! Jutro gramy" – powiedziałam do Jasona. Byłam w półfinale.

W półfinale z Garbiñe Muguruzą. To chyba jeden z najlepszych meczów w twojej karierze, na pewno lepszy od finału z Petrą Kvitovą.

Też tak uważam, chociaż finał również był bardzo dobry. Od początku do końca solidny, mocny tenis, na wysokim poziomie z obu stron. Szkoda było zmarnować szansę, którą dała mi Szarapowa. Już po turnieju spotkaliśmy się w restauracji na dachu naszego hotelu na kolacji z całą ekipą Kvitovej, chociaż wcale się nie umawialiśmy. Podzieliłyśmy się kieliszkiem szampana i, strasznie zmęczone, rozmawiałyśmy głównie o tym, jak bardzo chcemy już wrócić do domów.

Pierwsze miesiące sezonu 2017 bardzo przypominają ten, o którym mówisz.

I wierzę, że tak samo jak wtedy pewnego dnia wszystko się zmieni. Tym bardziej że teraz czuję się znacznie lepiej niż w 2015. Wtedy niczego nie zmieniałam, tylko czekałam na moment, kiedy wszystko odpali, bo jeśli ktoś trzyma się swojej strategii, jest konsekwentny w tym, co robi, to w końcu efekty muszą przyjść. W sporcie nie można być w formie przez 365 dni w roku, są okresy lepsze i gorsze. Dołki muszą się zdarzyć. Czasem trwają kilka tygodni, czasem kilka miesięcy, a bywa, że cały sezon. Są tenisistki, które wracają do wielkiej formy dopiero po kilku latach – Swieta Kuzniecowa jest tu świetnym przykładem. Powiedziałabym nawet, że ostatnio gra wręcz lepiej niż dziesięć lat temu, kiedy była druga w rankingu. Cały czas robiła swoje, aż wreszcie coś kliknęło, coś zaskoczyło i „Kuzi" wyszła z dołka. Weszła na poziom, z którego prędko nie spadnie.

Jak bardzo singapurski sukces zmienił twoją pozycję – nie w rankingu, ale w WTA Tour?

To zwycięstwo ma znaczenie przede wszystkim na konkretnych turniejach, gdzie jestem przedstawiana jako – teraz już była – „WTA Champion". Jeśli w samym tourze ktoś chce się naprawdę liczyć, to nie zdobędzie pozycji jednym zwycięstwem. Liczą się lata na szczycie.

Zdefiniujmy ten szczyt.

Powiedziałabym, że to czołowa dziesiątka, która ma w WTA inny status niż pozostałe tenisistki. Mówiąc w skrócie, więcej przywilejów, ale też więcej obowiązków i ograniczeń.

Kiedyś mówiłaś, że wolisz grać pierwszy mecz dnia, bo nie lubisz czekać do wieczora, aż skończą się trzy czy cztery inne spotkania. Dlaczego?

Nadal nie lubię, a meczów w sesjach wieczornych gram coraz więcej. Jeśli mój ma być pierwszy, to w porządku, bo z góry wiadomo, że nie zacznie się przed określoną godziną. Jeśli jednak drugi, to nikt nie wie, jak długo potrwa poprzedni, zwłaszcza pięciosetowy w Wielkim Szlemie. Ostatnio bardzo często czekałam na swój mecz razem z Andym Murrayem. Spotykaliśmy się na rozgrzewce w siłowni i żartowaliśmy, że ciągle widujemy te same gęby – ja, on i nasze ekipy. Mecze rozgrywane wcześniej pozwalają się lepiej zregenerować przed kolejną rundą, jest czas na masaż, normalną kolację, chwilę odpoczynku. A jak można odpocząć, jeśli Jason wychodzi ode mnie z pokoju o trzeciej w nocy, gdy Dawid już śpi? Słyszysz, jak to brzmi? Zanim zasnę, a bez tabletek teraz już ani rusz, jest już prawie rano i przez cały następny dzień czuję się jak po imprezie.

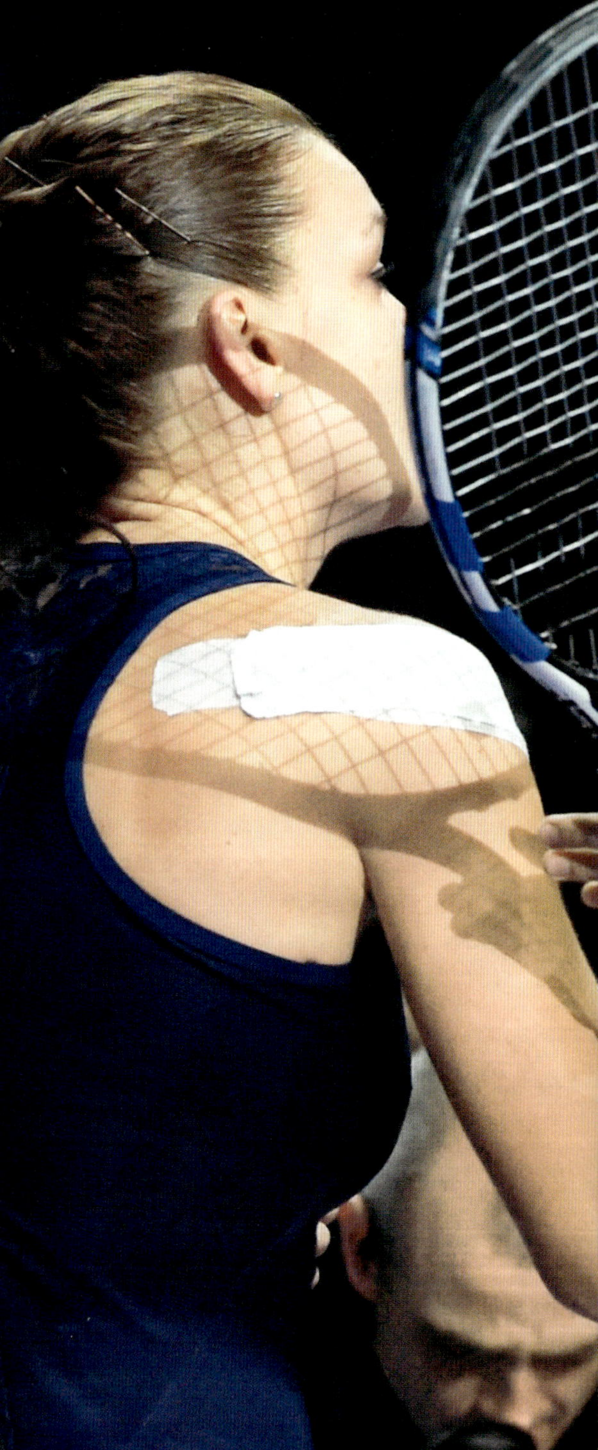

Półfinał mistrzostw WTA z Garbiñe Muguruzą był jednym z najlepszych meczów w karierze Agnieszki Radwańskiej.

Kiedy nie gram, to – poza treningiem – mam wiele innych obowiązków: media, sesje autografowe albo fotograficzne, wizyty u sponsorów, akcje charytatywne...

Jak rozumiem, te tabletki nie podpadają pod paragraf dopingowy.
Oczywiście! To niezbyt silnie działające preparaty ziołowe, absolutnie zgodne z przepisami i przepisane przez lekarza Polskiego Komitetu Olimpijskiego.
Czy twoja pozycja w środowisku WTA jest już na tyle mocna, że możesz podczas mniejszego turnieju pójść do supervisora i poprosić na przykład o mecz o dwunastej w południe?
Oczywiście, że tak. Z tego niepisanego przywileju mogą korzystać tylko zawodniczki z czołówki i kiedy mogą, korzystają. Im większy turniej, tym o to trudniej, bo plan gier jest układany pod telewizję. Jej interes liczy się bardziej niż nasz.
Parę lat temu jedno twoje słowo wystarczyło, aby od ręki załatwić kilka biletów na mecz FC Barcelona.
Grałyśmy w Barcelonie mecz Pucharu Federacji. Po zwycięstwie byłyśmy w znakomitych humorach. Trenerom zachciało się pójść na Camp Nou, ale biletów nie było już od dawna. No to ja grzecznie poprosiłam i znalazły się dla nas miejsca w loży prezesa. Najbardziej zaskoczony był chyba Dawid, który jeszcze nie zdawał sobie sprawy, co można załatwić, mając znane nazwisko. Ja zresztą trochę też. Muszę przyznać, że to bardzo miłe uczucie; potwierdzające, że coś jednak udało mi się osiągnąć.
Jak wygląda twój przeciętny dzień na turnieju?
Jeśli tego dnia mam mecz, to pobudka, śniadanie, a potem już wszystko zależy od tego, o której gram. Jeśli po południu, to jeszcze obiad. Czasem nawet jem kilka razy, ale niewiele, bo nigdy nie wiadomo, kiedy skończy się poprzedni mecz na moim korcie. A po meczu konferencja prasowa, wanna z lodem (czasami aż szkoda, że dziesięć minut tak szybko mija), fizjoterapia i kolacja, jeśli w ogóle jest jeszcze na nią czas. Kiedy nie gram, to poza treningiem mam wiele innych obowiązków: media, sesje autografowe albo fotograficzne, wizyty u sponsorów, akcje charytatywne... Nie ma czasu na nudę.

Turnieje wielkoszlemowe również tym się różnią od pozostałych, że pomiędzy meczami masz dzień przerwy. Czy jest to okazja, aby zrobić coś innego niż normalnie? Na przykład pójść do kina, na zakupy, wyskoczyć do miasta na kawę w otoczeniu obcych ludzi zamiast samych znajomych?
To zależy od turnieju, bo w Londynie takie wyjście zajęłoby zbyt dużo czasu. A ja tego czasu, nawet w dniu wolnym od meczu, nie mam wcale tyle, żeby się nudzić. Im jestem starsza, im cieplej jest na zewnątrz, tym bardziej lubię posiedzieć w pokoju i wypocząć.
Jak spędzasz czas pomiędzy rozgrzewką a meczem?
Przez te półtorej albo dwie godziny zawsze jeszcze coś jem, a ostatnio także spędzam czas z fizjoterapeutami, aby odpowiednio przygotowali do meczu moje ciało. Jeśli zostanie trochę czasu, to jeszcze mocna kawa, rozmowy o niczym, banan albo baton energetyczny. W każdej chwili muszę być gotowa do wyjścia na kort w ciągu piętnastu minut.
Co ci chodzi po głowie, kiedy idziesz spać przed ważnym meczem? O czym wtedy myślisz?
Kiedyś bardziej przeżywałam takie mecze. Dziś podchodzę do nich po prostu jak do pracy. Do snu, dla relaksu, lubię obejrzeć odcinek jakieś dobrego serialu, ostatnio *Dynastię Tudorów*. Dobrze mi się przy tych filmach zasypia i daje to odskocznię od tenisa. Trudno myśleć o nim cały dzień i podnosić sobie ciśnienie.
Wygrałaś dwadzieścia turniejów, w tym kilka bardzo prestiżowych. Czy wychodząc na kort, odczuwasz jeszcze coś w rodzaju tremy?
Teraz już raczej nie. Najwyżej jakąś niepewność przed pierwszym meczem, po dwóch czy trzech tygodniach samych treningów, a zwłaszcza na początku sezonu, bo jeszcze nie wiem, w jakiej jestem formie. Gdy wejdę w rytm meczowy, do głosu dochodzi rutyna. Największą tremę w życiu miałam nie przed finałem Wimbledonu, lecz przed ustną maturą z polskiego. Na egzaminie na prawo jazdy prawie zapomniałam, gdzie hamulec, a gdzie gaz. Podczas ru-

NAJWIĘKSZĄ *TREMĘ* W ŻYCIU MIAŁAM NIE PRZED FINAŁEM WIMBLEDONU, LECZ PRZED USTNĄ MATURĄ Z POLSKIEGO.

szania po górkę samochód oczywiście mi zgasł. Za drugim razem wylądowałam prawie w krzakach, bo dałam ostro w gaz. To się nazywa trema! Na korcie forhendu z bekhendem raczej nie pomylę.

Czym różnią się największe turnieje? Które lubisz najbardziej, a na które jeździsz tylko dlatego, że musisz?

Tenisistki z czołowej dziesiątki świata mogą wybrać sobie najwyżej dwa turnieje w roku, pozostałe to zawody obowiązkowe. Wydaje mi się, że w ostatnich kilkunastu latach poziom organizacji turniejów bardzo się podniósł i wyrównał, chociaż nie wszystko widać w telewizji. WTA wyznacza takie standardy, że organizatorzy muszą się do nich dostosować. Dziś już wszędzie jest internet, a nasze szatnie, stołówki i poczekalnie są coraz większe i przyjemniejsze. Najbardziej nie lubię tych turniejów, na których korty są bardzo oddalone od hotelu – US Open, Montrealu i Toronto. W Rzymie niby blisko, ale jak są korki, to jedzie się nawet półtorej godziny. Najgorzej, kiedy w tym samym czasie co turniej jest mecz piłkarski. W miarę sprawne wydostanie się z kortów graniczy z cudem.

W Stuttgarcie, nawet w czasie deszczu, możesz przejść z pokoju na kort suchą stopą, bo hotel jest tuż obok hali.

W Dubaju też po sąsiedzku. Nie tylko moim ulubionym turniejem jest jednak Indian Wells. Czasem żartujemy, że odpaść tam w pierwszej rundzie (z powodu bardzo dobrych warunków pobytu i możliwości pozostania w ośrodku aż do końca turnieju) nie jest aż tak przykro jak gdzie indziej. Na wszystkich kortach meczowych instalują aparaturę do challenge'u, a treningowych jest tyle, że nawet przegrani nadal mają gdzie odbijać. Hotele, baseny, warunki do wypoczynku są tip-top, całkiem jak w kurorcie. Wszyscy siedzą więc w tej południowej Kalifornii tak długo, jak się da, a do Miami lecą tuż przed turniejem. Paradoksalnie, dobrze mi się gra w Azji, ale tamtejsze turnieje lubię mniej. Panują tam specyficzne obyczaje przy stole, do których nijak nie mogę się przyzwyczaić, a w Chinach jeszcze dochodzi smog, który nie pomaga na korcie. Nie mówię, że to są złe turnieje; mówię tylko o trochę innym otoczeniu. Po prostu inna kultura.

W Londynie odpada problem transportu, bo już od kilku lat wynajmujesz dom w pobliżu klubu. Czy takie mieszkanie na Wimbledonie ma same zalety?

Pod tym względem to turniej faktycznie inny od pozostałych. Raz czy dwa razy mieszkaliśmy w hotelu w Chelsea. Niby blisko, ale korki takie, że dojazd na korty trwał średnio prawie godzinę. Dziś już chyba większość tenisistów decyduje się na wynajmowanie całych domów dla siebie, swojej ekipy i rodziny. Trzeba mieć trochę szczęścia, aby trafić na dom zgodny z opisem, bo zdjęcia bardzo często kłamią. Zalet jest jednak znacznie więcej niż wad. Kilka lat temu zgłosiła się do nas właścicielka polskiej piekarni w Londynie. Od tamtej pory praktycznie codziennie podczas turnieju mamy dostawę świeżego pieczywa. Chciałabym skorzystać z okazji, aby jeszcze raz podziękować pani Agnieszce i wszystkim pośrednikom, którzy pomogli jej do nas dotrzeć.

Gdzie najwięcej Polaków turystów czy już zasiedziałej tam Polonii przychodzi na twoje mecze?

Byłam zaskoczona, jak wielu Polaków było w Perth na Pucharze Hopmana – widziałam mnóstwo biało-czerwonych flag i słyszałam mnóstwo polskich głosów. Być może dlatego, że Polaków w Australii w ogóle jest dużo i, jak Australijczycy, bardzo lubią sport. W Miami również wiele razy czułam doping naszych kibiców.

Polaków w Australii jest dużo. Kibice w Perth w 2015 r.

Samą fantazją i techniką, które tak bardzo doceniają kibice, Wielkiego Szlema jednak się nie wygrywa. Doświadczenie już jest twoim atutem, czego zatem jeszcze potrzebujesz, aby zostać na przykład mistrzynią „dorosłego" Wimbledonu?

Trzeba wygrać siedem meczów z rzędu, a każdy jest inny. Wiele zależy od losowania, od dyspozycji danego dnia, warunków na korcie, odrobiny szczęścia... Żeby zwyciężyć w takim turnieju, potrzebna jest kumulacja wszystkich tych czynników. Oczywiście sama muszę jeszcze grać bardzo solidnie, na możliwie najwyższym poziomie, bo bez tego na pewno się nie uda. Żadna rywalka, nawet ta teoretycznie najsłabsza nie odda mi meczu za darmo. Wrócę jeszcze do losowania, bo ma ono znaczenie dużo większe, niż się czasem może wydawać. Kto mógł przypuszczać, że Mirjana Lučić-Baroni zagra w Australian Open turniej życia i awansuje aż do półfinału? Ja na tę półfinalistkę wpadłam już w drugiej rundzie...

Po co ci była zmiana rakiety na początku tego sezonu? Nie za duże ryzyko?

Każdy tenisista potwierdzi, że rakieta jest jak przedłużenie ręki. Trzeba ją czuć, być jej pewnym w stu procentach. Nawet taki drobiazg jak owijka ma ogromne znaczenie, a co dopiero naciąg i rama! Wszyscy wiedzą, że w ogóle nie lubię zmian; gdybym mogła, to całe życie grałabym w jednych butach, a muszę co tydzień wyrzucać na śmietnik kolejną parę, bo tak szybko się zużywają. Pomyślałam jednak, że to być może już ostatni moment, po tylu latach grania, aby jeszcze coś zmienić, coś dodać, zrobić coś, co uwolni rezerwy. Oczywiście wiązało się to z wielkim ryzykiem, bo po piętnastu latach gry jedną rakietą trudno w kilka tygodni równie dobrze „zaprzyjaźnić" się z drugą.

Dyżurny argument „znawców", mówiących, że nigdy nie wygrasz Wielkiego Szlema, to siła, a konkretnie jej brak. Twierdzą, że jesteś za słaba i jeśli nie wzmocnisz uderzeń, to zawsze trafisz na jakąś ścianę nie do przejścia.

Marion Bartoli i Francesca Schiavone, które wygrały turnieje Wielkiego Szlema, wcale nie uderzały piłki mocniej ode mnie. Im akurat udało się trafić tę kumulację, o której przed chwilą wspomniałam. Siłą mogą wygrywać siostry Williams czy Samantha Stosur, ale już nie Andżi Kerber. Jej tenis to wielka solidność, świetna obrona, znakomita sprawność fizyczna, a nie szybka piłka i serwis dwieście na godzinę.

Przyznasz jednak, że drugi serwis to twoja pięta achillesowa. Naprawdę nic się nie da już zrobić, by go poprawić, wzmocnić?

SIŁĄ MOGĄ WYGRYWAĆ SIOSTRY WILLIAMS CZY SAMANTHA STOSUR, ALE JUŻ NIE ANDŻI KERBER.

Z Mirjaną Lučić-Baroni podczas Australian Open 2017.

Oczywiście na treningach pracujemy nad drugim podaniem, ale podczas meczu wracają stare nawyki. Na serwis wpływają przeróżne czynniki, pozornie z nim niezwiązane, w tym także psychika. W głowie nagromadziło się już tyle doświadczeń, że trudno o nich zapomnieć i nagle coś zmienić. Jeśli gram z przeciwniczką, o której wiem, że potrafi wykorzystać taką okazję, to zmuszam się do bardziej ryzykownego serwisu. I na odwrót – gdy rywalka nie wykorzystuje szansy, to po co mam ryzykować?

Na początku sezonu 2016 i ty, i Kerber zamieniałyście się na drugim miejscu w rankingu WTA. Tak się ścigałyście za plecami Williams, że Andżelika wyprzedziła nie tylko ciebie, ale także Serenę. Jak odebrałaś jej awans na pozycję liderki?

O tym, że na zmianę zajmowałyśmy drugie miejsce, zdążyłam już zapomnieć. Po tym, co Andżi zrobiła w tamtym sezonie, pierwsze po prostu jej się należało. Oczywiście miała troszkę ułatwione zadanie, bo często Serena nie grała tak dobrze, jak wszystkich

Ludzie już się przyzwyczaili do moich zwycięstw i miejsca w czołówce. Nie wszyscy jednak pamiętają, że poziom jest coraz wyższy i coraz bardziej wyrównany.

przyzwyczaiła, ale trzeba jeszcze umieć wykorzystać taką okazję. Andżi solidnością zapracowała na tę jedynkę – wygrała dwa Wielkie Szlemy, była w finale igrzysk i turnieju Masters. Jesteśmy w stałym kontakcie telefonicznym i whatsappowym, więc od razu jej pogratulowałam.

Marzeniem każdej tenisistki jest pozycja na szczycie rankingu, nie mów zatem, że choć na chwilę nie wzięła cię złość; że nie pomyślałaś sobie: „Cholera jasna, dlaczego ona, a nie ja?!".

Mogłabym tak pomyśleć, gdyby pozycję liderki Andżi wygrała w totolotka. Przecież ja też puściłam kupon, prawda? Nie można tego rozpatrywać w takich kategoriach, bo nikt nie dał jej tego w prezencie.

Kiedy wspinałaś się na szczyt rankingu, wszystko było łatwe – co tydzień cała Polska razem z tobą sprawdzała ranking WTA i cieszyła się z twoich kolejnych awansów. Dotarłaś jednak do miejsca, z którego łatwiej spaść, niż jeszcze awansować. Jak sobie z tym poradziłaś? Nie teraz, lecz wtedy, gdy pojawiały się pierwsze głosy: „Eee, przegrała i spadła w rankingu"?

W tenisie to normalne, że raz się wygrywa, raz przegrywa; raz awansuje w rankingu, a raz spada. Myślę, że ludzie już się przyzwyczaili do moich zwycięstw i miejsca w czołówce. Nie wszyscy jednak pamiętają, że poziom jest coraz wyższy i coraz bardziej wyrównany. Kiedy przegram, narzekają „O Boże, Radwańska znowu przegrała!". Co ja wtedy mogę? Mogę tylko się nie przejmować i robić swoje. Miejsc w dziesiątce jest dziesięć, a zawodniczek, które na takie lokaty zasługują – ze dwadzieścia. Nikt nie może zagwarantować, że jeśli ktoś wejdzie do dziesiątki, to już będzie w niej aż do końca kariery. Zawsze można mieć gorszy sezon czy pół sezonu. Oczekiwania wobec mnie ciągle są ogromne. Dla dziennikarzy i kibiców jesteś tak dobry jak twój ostatni mecz.

Jak to robisz, że od wielu lat jesteś jedną z najrówniej grających tenisistek światowej czołówki i bardzo rzadko przegrywasz w pierwszych rundach?

To wynika chyba z mojego stylu gry. Są takie turnieje, na przykład w Indian Wells czy Dubaju, gdzie zawodniczkom grającym – jak my to nazywamy – „na raz" i „bum-bum" jest jeszcze trudniej niż zwykle skontrolować piłkę. One niezależnie od warunków, wysokości, wilgotności powietrza, temperatury czy siły wiatru starają się grać zawsze tak samo, więc w takich meczach łatwo o niespodzianki.

W gronie dziennikarskim czasem się zastanawiamy, czy te tenisistki, które jeszcze nigdy z tobą nie grały, po prostu nie boją się ośmieszenia. Lubisz przecież zagrać skrót tuż za siatkę, potem loba

na linię końcową i znów skrót. Kamery są bezlitosne – miny tych skołowanych dziewczyn nie wyglądają wtedy najmądrzej...
Nie sądzę, żeby się tego bały. A jeśli już, to być może, chcąc tego uniknąć, grają jeszcze bardziej agresywnie i ryzykownie. I albo wejdzie, albo nie.
Gdy kilka razy im się uda, to jest bardzo wyrównany mecz, a może nawet niespodzianka. A gdy nie uda – czterdzieści minut i po wszystkim?
Dokładnie tak. Kiedyś wystarczyło grać na siedemdziesiąt pięć procent, żeby przejść pierwszą i drugą rundę. Wyniki 6:0, 6:0 czy 6:2, 6:2 zdarzały się dużo częściej, i to nawet w ćwierćfinałach, ale z roku na rok takich meczów jest, niestety, mniej. Poziom nie tylko się podniósł, ale przede wszystkim bardzo wyrównał. Z zawodniczkami z pięćdziesiątego czy sześćdziesiątego miejsca w rankingu nie da się już wygrać, nie dając z siebie stu procent. Szkoda, że tak mało ludzi – także dziennikarzy – zdaje sobie z tego sprawę. Sam wynik też nie zawsze oddaje prawdę o meczu.
Jest taki turniej, w którym ci wyjątkowo nie idzie. O tyle specyficzny, że zawsze rozgrywany gdzie indziej, i nie co roku, ale co cztery lata. Marzysz jeszcze o medalu olimpijskim czy uznałaś, że już się raczej nie uda?
Oczywiście, że marzę, i bardzo mi przykro, że jeszcze nie udało mi się go zdobyć. Igrzyska w Tokio dopiero za trzy lata, a ja nie mam pojęcia, co będę wtedy robiła, czy i jak będę jeszcze grała. Wiadomo, że fajnie byłoby mieć medal, ale to tak bardzo odległa przyszłość, że na razie w ogóle nie ma co o tym mówić. Rozumiem tych sportowców, którzy żyją od igrzysk do igrzysk; oni już pewnie snują plany na Tokio. Ja mam co roku ponad dwadzieścia turniejów, w tym cztery Wielkie Szlemy i Masters, do którego trzeba się wcześniej załapać, więc do tego pytania możemy wrócić w 2020 roku.
Czy chcesz przemycić między wierszami jakąś ważną informację? Wiesz już o czymś, o czym jeszcze nie chcesz powiedzieć?

Przed meczem wszyscy są skupieni na tenisie i chyba nikt się nie zastanawia, co powie po meczu.

Daty końca kariery sama jeszcze nie znam.

Nie. Daty końca kariery sama jeszcze nie znam, a chcę tylko powiedzieć, że nie warto już dziś żyć tym, co może się wydarzyć dopiero za trzy lata. Jeżeli będę wtedy nadal grała, to igrzyska będą dla mnie bardzo ważne; wbrew temu, co się mówi i pisze. Bo naprawdę są czymś wyjątkowym.

Czy czasem śni ci się scena, kiedy po finale Wimbledonu lub innego turnieju Wielkiego Szlema jesteś wywoływana do dekoracji jako ta druga tenisistka, czyli zwyciężczyni?

Takie rzeczy w ogóle mi się nie śnią, a przynajmniej nie przypominam sobie takich scen.

Ceremonie dekoracji zwyciężczyni i finalistki bardzo przypominają wręczenie Oscarów. Przygotowujesz sobie przemówienie przed finałem czy wolisz raczej improwizować?

Totalna improwizacja! Przed meczem wszyscy są skupieni na tenisie i chyba nikt się nie zastanawia, co powie po meczu. Poza tym z boku zawsze stoi suflerka z WTA, która dyskretnie przypomina, komu jeszcze trzeba podziękować i żeby o nikim nie zapomnieć. Zwłaszcza o sponsorach turnieju. Z czasem staje się to już rutyną, której można się wyuczyć na pamięć.

Ostatnio bardzo popularne stały się rozmowy z tenisistami wychodzącymi na kort. Zawodnik, który za chwilę ma rozegrać mecz, raczej nie powie niczego, co by wstrząsnęło tenisem…

Trochę to głupkowate… Nawet ludzie z WTA mówią nam w szatni, że mecz zaczyna się na przykład o siódmej, ale trzeba być za pięć, bo „two stupid questions and you go”. Niemal za każdym razem słyszymy te same pytania, więc udzielamy wciąż tych samych, już nudnych i oklepanych odpowiedzi. Z naszego punktu widzenia jest to absolutnie niepotrzebne, ale telewizja płaci… Wszyscy wiemy, że to po prostu zło konieczne i tylko facet z mikrofonem traktuje to poważnie, bo cieszy się, że ma fuchę. Gdyby chociaż jedno pytanie nie dotyczyło tenisa, byłoby chyba ciekawiej także dla kibiców na trybunach i telewidzów.

4 ROZDZIAŁ

O przyjaźni z rywalkami, swatach z Wojciechem Szczęsnym, nie zawsze przyjemnych lądowaniach, cudem odnalezionej skarpetce, parówkach od święta, gościach bladym świtem i pięćdziesiątce, która stawia na nogi

Jaka jest Serena Williams? Czy możesz na chwilę zapomnieć o wszystkich porażkach i pomyśleć o niej jak o miłej koleżance z pracy?
Tak, bo to naprawdę miła koleżanka z pracy. A jednocześnie legenda. Jestem przekonana, że w najbliższej przyszłości nie będzie drugiej takiej tenisistki. Poprzednią była Steffi Graf, którą mogłam jedynie podziwiać z kanapy. Serena jest tylko trochę wkurzająca, bo musiała grać akurat w tym samym czasie co ja.
Pojechałabyś z nią na wspólne wakacje?
Dlaczego nie? To bardzo rozrywkowa, wyluzowana babka. Fajnie się z nią gada o wielu sprawach.
Kiedy planujesz wakacje? Z dużym wyprzedzeniem czy tuż przed wyjazdem?
Wolę spontanicznie, bo wszystko zależy od tego, czy załapię się do turnieju Masters, który kończy sezon.
Pytam o miejsce, bo termin – co oczywiste – trudno zaplanować.
Też czekam do ostatniej chwili. Kobieta zmienną jest, więc zmieniają się także pomysły na wakacje. Dopóki czegoś nie zarezerwuję, tego nie ma. Co roku myślę o Hawajach, ale to tak strasznie daleko, że nie chce mi się spędzać w samolocie kolejnych trzydziestu godzin.
Nie lubisz pojechać na urlop dwa razy w to samo miejsce?

CZEKAM DO OSTATNIEJ CHWILI. KOBIETA ZMIENNĄ JEST, WIĘC ZMIENIAJĄ SIĘ TAKŻE POMYSŁY NA WAKACJE.

Jestem przekonana, że w najbliższej przyszłości nie będzie drugiej takiej tenisistki. Poprzednią była Steffi Graf, którą mogłam jedynie podziwiać z kanapy. Serena jest tylko trochę wkurzająca, bo musiała grać akurat w tym samym czasie co ja.

Jest na świecie tyle ciekawych miejsc, więc szkoda by było jeździć ciągle w te same.

Wystarczy, że turnieje są co roku w tych samych miastach. Jest na świecie tyle ciekawych miejsc, więc szkoda by było jeździć ciągle w te same. Są takie, do których chętnie kiedyś wrócę, na przykład na Kubę, bo łączy wspaniałe plaże w dzień i cywilizację miasta wieczorem. Na innych egzotycznych wyspach wszystko zamyka się w kurorcie i czasem nawet strach wyjść za bramę.

Jest jeszcze jedna zaleta spędzania wakacji za każdym razem gdzie indziej – paparazzi nie zdążą się przyzwyczaić. Na Mauritiusie was wyśledzili i nawet coś tam udało im się pstryknąć.

Pamiętam. To byli lokalni reporterzy, ale na pewno działali na zamówienie z Polski. Ja z Karoliną Woźniacką zostałam na plaży, a Ula z Andżi Kerber poszła do wody. W pewnym momencie zaczęły do nas krzyczeć, że ktoś nam robi zdjęcia. Początkowo nie wierzyłyśmy, ale okazało się, że w starej łódce rybackiej, która lada moment mogła się rozlecieć, za parasolem chowało się dwóch paparazzich. Karolina strasznie się wkurzyła i zaczęła do nich płynąć. Nie czekali na nią, odpłynęli.

Ty nie pływasz?

Wtedy nie mogłam, bo byłam po operacji ręki i musiałam chronić ją przed wodą, piaskiem i brudem. Kiedy poszłyśmy z Karoliną na kajak, w ogóle nie wiosłowałam, tylko ją poganiałam, żebyśmy dogoniły Ulę i Andżi. Wiesz, że dała radę?!

Tenisistkę na plaży można rozpoznać z daleka, bo wyraźnie widać blade ślady po spodenkach, butach i skarpetkach. Nie wkurzasz się, że nie jesteś tak równomiernie opalona jak inne kobiety?

Kiedyś się wkurzałam, ale po pewnym czasie wszystko zmieniło się o sto osiemdziesiąt stopni. Jeśli mam wybór, gram po zacienionej stronie kortu. Ja już się w życiu namęczyłam, teraz na słońcu niech się trochę pomęczy Dawid. Ha, ha... Gdy na plaży próbuję opalić te miejsca, które na korcie są zakryte, nic z tego nie wychodzi. Kiedyś ładnie się opalały, a ostatnio szybko się spalają i robią czerwone prawie jak keczup. Dżinsów nie mogę na tyłek włożyć, nie mówiąc już o staniku, bo wszystko mnie boli. Właśnie kiedy we cztery byłyśmy na Mauritiusie, w ogóle nie słuchałyśmy Karoliny, która jako jedyna cała smarowała się kremem z filtrem, a my najwyżej nosy. Potem skóra schodziła nam wręcz płatami. To była dobra nauczka, aby nie dopalać się na siłę. Czy jestem opalona równo, czy w paski, czy w kratkę, jest mi teraz wszystko jedno. Jeśli gdzieś wychodzę, po prostu sięgam po bronzer i już po chwili opalenizna wszędzie wygląda równiutko.

Czy w sporcie, w którym aby odnosić sukcesy, trzeba mieć coś z egoisty, jest jeszcze miejsce na przyjaźń?

Wcale nie jesteśmy wyjątkami. Jest w tourze kilka grupek dziewczyn naprawdę się przyjaźniących. Karolina bardzo się lubi z Sereną, Bencic z Mladenovic... Francuzki zwykle trzymają się razem, Włoszki, Czeszki, Rosjanki...

Jekaterina Makarowa i Marija Szarapowa raczej za sobą nie przepadają.

Ale już Katia z Jeleną Wiesniną są świetnymi przyjaciółkami. Takich przypadków jest znacznie więcej, chociaż nie widać ich w telewizji. W szatni toczy się inne życie niż na korcie. Taka już nasza praca, że czasem trzeba rywalizować z przyjaciółką. Cała sztuka polega na tym, aby umieć oddzielić zawodowstwo na korcie od normalnego życia poza nim. Głównym czynnikiem jednoczącym jest oczywiście język, ale nie tylko. Bardzo zbliża także wspólne granie debla – tu najlepszym przykładem są Lucie Šafářová i Bethanie Mattek-Sands. Ja, poza Karoliną i Andżi, najbardziej lubię Kvitovą. Petra ma niesamowity dystans do wszystkiego, także do samej siebie, jest tak bardzo ciepłą i miłą osobą, że trudno się z nią nie zaprzyjaźnić. Bardzo lubiłam także Na Li, wciąż niezwykle skromną osobę, chociaż w Chinach traktowaną niemal jak bogini.

Za co najbardziej lubisz Karolinę?

Za to, że się nie zmieniła. Przez wiele miesięcy była liderką rankingu WTA, a pozostała taka sama jak wcześniej. Jest jedną z najbardziej rozpoznawalnych tenisistek świata i jednocześnie tą samą fajną dziewczyną, tą samą „Karo", którą poznałam już prawie dwadzieścia lat temu. Nadal możemy tak samo plotkować i śmiać się z tych samych rzeczy.

KAROLINA **JEST JEDNĄ Z NAJBARDZIEJ ROZPOZNAWALNYCH TENISISTEK ŚWIATA I JEDNOCZEŚNIE TĄ SAMĄ FAJNĄ DZIEWCZYNĄ.**

Z Karoliną nadal możemy tak samo plotkować i śmiać się z tych samych rzeczy.

A Andżelikę?

Dokładnie za to samo, a osiągnęła jeszcze więcej, bo wygrała dwa turnieje Wielkiego Szlema, co nie udało się Karolinie. Nadal woli dżinsy i trampki w towarzystwie znajomych niż kreacje w świetle kamer. Schodzi z kortu i przestaje być gwiazdą, znów jest bardzo skromną, wręcz niepozorną dziewczyną. Gale, czerwone dywany i high life mogłyby dla niej nie istnieć – to akurat bardzo lubi Karolina. To chyba jedyna różnica między nimi.

Może to dobry moment, aby powiedzieć, że nie każdą rywalkę da się tak lubić jak Kerber i Woźniacką?

Jednak na korcie każdą trzeba szanować za to, że ciężko pracowała i zasłużyła, aby grać na tym poziomie. Jest kilka takich tenisistek, można je policzyć naprawdę na palcach jednej ręki, w których towarzystwie nie da się przebywać, z którymi w ogóle nie ma o czym porozmawiać. Nie ma znaczenia, z jakiego są kraju, w jakim wieku ani na którym miejscu w rankingu. Ale nawet nie proś o nazwiska, bo i tak nie podam.

Kontrole, zwłaszcza niezapowiedziane, to już norma w tenisie. Czy normą jest także niedozwolony doping?

Moim zdaniem nie. Teraz kontrolerzy pobierają próbki nie tylko moczu, ale coraz częściej również krwi, w której trudniej „ukryć" zakazane substancje. Wpadka Szarapowej jest dobrym przykładem. Być może innym zawodnikom to się udaje i nigdy się nie do-

Andżelika Kerber schodzi z kortu i przestaje być gwiazdą, znów jest bardzo skromną, wręcz niepozorną dziewczyną. Gale, czerwone dywany i high life mogłyby dla niej nie istnieć.

wiemy, czy coś brali, bo zapobiec wszystkim oszustwom na pewno się nie da.

Marija Szarapowa dała się złapać i nie mogła grać przez ponad rok. WTA głośno cieszyło się z jej powrotu, natomiast opinie tenisistek i tenisistów były podzielone, ale w większości krytyczne. Co ty sądzisz o tej sprawie?

Dla mnie powrót Marii nie miał szczególnego znaczenia. Byłam tylko ciekawa, w jakiej formie wróci, czy po tak długiej przerwie będzie w stanie grać od razu na najwyższym poziomie, co już kiedyś udowodniła po poważnej kontuzji barku. Byłam przekonana, że już od pierwszego meczu będzie bardzo groźną przeciwniczką. Miałam jednak poważne wątpliwości, czy powinna być dopuszczona do turnieju w Stuttgarcie, rozpoczynającego się 24 kwietnia, skoro jej dyskwalifikacja kończyła się dopiero dzień później.

Której z rywalek i któremu tenisiście zostawiłabyś bez obaw dziecko pod opieką?

Większości, bo to są osoby odpowiedzialne, zrównoważone, często już matki i ojcowie. Na pewno by wiedziały, co zrobić i jak zareagować.

A komu na pewno nie?

Tych osób jest stanowczo mniej. Może Jurkowi Janowiczowi niekoniecznie, bo już po pięciu minutach zapomniałby o moim dziecku i zajął się czymś innym.

Niewiele jest turniejów, w których grają i kobiety, i mężczyźni. Jak wygląda wtedy życie towarzyskie, o ile w ogóle jest na nie czas?

Wtedy korzystamy z okazji i trzymamy się z polską ekipą. Fajnie, że jest nas kilka osób, chociaż niedawno było trochę więcej. Wszystko zależy jednak od planu meczów – ktoś, kto ma grać następnego dnia, wieczorem raczej nie będzie udzielał się towarzysko. Staramy się pójść przynajmniej razem na kolację. Miło spędzało się czas z Mariuszem Fyrstenbergiem, bo bardzo lubię jego poczucie humoru. Pamiętam, kiedy podczas mojego pierwszego US Open razem oglądaliśmy mecz chyba Marty Domachowskiej. Gdy przegrała, „Frytka" powiedział: „No, teraz nie pozostaje nic innego, jak tylko się napić". „Ale ja mam dopiero szesnaście lat!" – odpowiedziałam i wtedy zorientowałam się, że przecież żartował. Wciąż to wspominamy. Jest tak pogodną i pozytywnie do wszystkiego nastawioną osobą, że na jego widok podświadomie od razu się uśmiecham.

Miło spędzało się czas z Mariuszem Fyrstenbergiem, bo bardzo lubię jego poczucie humoru.

Który tenisista ze światowej czołówki zrobił na tobie wrażenie zupełnie niezgodne z oczekiwaniami?
Jeśli ktoś nie zna Andy'ego Murraya, może go wziąć za człowieka niesympatycznego, zawsze wściekłego, bo taki jest na korcie, co mnie akurat nie przeszkadza. Ja wręcz uwielbiam go oglądać, kiedy gra. A w rzeczywistości to zawsze pogodny i miły dla wszystkich człowiek. Można powiedzieć, że jest dwóch różnych Andych – jeden na korcie, drugi poza nim.

Nie znam drugiego takiego tenisisty, który byłby tak profesjonalny w każdym calu. Szacun przez wielkie „S”! Wielu polskich tenisistów powinno uczyć się tego od Łukasza Kubota.

A w drugą stronę? Tenisista na pozór sympatyczny, który jednak traci przy bliższym poznaniu...

Od kilkunastu lat nie mam pod tym względem negatywnych obserwacji. W ogóle faceci są bardziej wyluzowani. To z dziewczynami czasem trudniej się dogadać, bo kłócą się nawet o drobiazgi. Zawsze powtarzam, że sport znakomicie kształtuje charaktery, więc nie może wychować na złego człowieka, chociaż od czasu do czasu jakiś wyjątek się trafi. Nieraz słychać zarzuty, że tenisiści z czołówki – zwłaszcza mężczyźni – od rana do wieczora są naburmuszeni. A jak mają nie być, skoro nie mają spokoju nawet przez minutę?! Nie mogą zrobić kroku, bo wokół ciągły „sajgon”. Pierwsze wrażenie naprawdę może być mylące, bo za tym zewnętrznym nabzdyczeniem zwykle kryje się normalny człowiek, potrzebujący odrobiny prywatności także w hotelowym lobby czy kawiarni.

Z którym tenisistą albo tenisistką najchętniej poszłabyś na kawę w czasie oczekiwania na swój mecz? Na luźną rozmowę dla zabicia czasu?

Bardzo lubię polskie towarzystwo: Mariusza Fyrstenberga, Jerzyka Janowicza, Marcina Matkowskiego, Ali Rosolskiej, Łukasza Kubota... Z nimi zawsze jest bardzo wesoło. Z obcokrajowców dobrze wspominam Grigora Dimitrowa, z którym miło spędziłam czas, kiedy podczas US Open oboje poszliśmy na kontrolę antydopingową. Po dużym wysiłku fizycznym trudno się wysikać na zawołanie. I tak sobie gawędziliśmy ze dwie godziny, czekając, aż się wreszcie uda.

Który tenisista najbardziej podoba ci się jako mężczyzna?

Trudno odpowiedzieć jednoznacznie, bo wszyscy mają znakomite figury, każdy wygląda jak gladiator. Taką „rzeźbę" trudno znaleźć w podręcznikach. Grama tłuszczu u nich nie wypatrzysz! Najlepszymi przykładami są chyba mimo upływu lat Roger Federer, Grigor Dimitrow, nie bez powodu nazywany „Baby Federerem", i może Novak Dźoković.

Podobno poza kortem wpadł ci w oko piłkarz Gareth Bale.

Owszem... A od kogo to wiesz? Do tej pory wiedziały o tym tylko dwie osoby! Nie da się ukryć, że nigdy nie żyłam piłką nożną.

FACECI SĄ *BARDZIEJ* WYLUZOWANI. TO Z DZIEWCZYNAMI CZASEM TRUDNIEJ SIĘ DOGADAĆ, BO KŁÓCĄ SIĘ NAWET O DROBIAZGI.

Na meczach Wisły w Krakowie byłaś jednak widywana. Chodziłaś na piłkę czy „na piłkarza"?
Wtedy akurat byłam po operacji i chodziłam o kulach. Poszłam na te mecze dla przyjemności oglądania sportu na żywo, skoro nadarzyła się taka okazja. Wracając do Bale'a... Ostatnio jestem skazana na piłkę z powodu Dawida. Lubi ją oglądać, więc i ja czasem rzucę okiem na ekran. Rzuciłam raz, drugi i właśnie Bale najbardziej wpadł mi w oko. Zresztą nie tylko mnie, bo także dwóm moim dobrym koleżankom. Tak się go uczepiłyśmy, że teraz razem się go trzymamy.
Polskie portale plotkarskie swatały cię kiedyś z Wojtkiem Szczęsnym.
Było to bardzo dawno temu; chyba z osiem lat, jeśli nie więcej. Już nawet nie pamiętam szczegółów, ale zaczęło się od wymiany gratulacji na Twitterze albo Facebooku: ja pogratulowałam mu udanego meczu, potem on mi udanego turnieju. Wtedy Wojtek zażartował – a może ktoś, kto się pod niego podszywał? – że teraz jego kolej zaprosić mnie na kolację. Podchwyciły to brukowce. Mieszkałam z Ulą. Było już po sezonie, siedziałyśmy sobie w domu, grzebałyśmy w internecie i w pewnym momencie Ula ni to zapytała, ni stwierdziła: „O, podobno jesteś z jakimś Szczęsnym...". „A kto to jest?" – zapytałam, bo nie od razu skojarzyłam. „Piłkarz" – odpowiedziała. „Skąd wiesz?" – miałam na myśli, skąd Ula wie o moim rzekomym związku z Wojtkiem, ale ona zrozumiała, że w ogóle nie wiem, kto to jest. „Wyguglałam" – stwierdziła całkiem poważnie. Tak, miałyśmy potem z tego mnóstwo śmiechu. Wojtku, serdecznie pozdrawiam!
Czyje mecze najbardziej lubisz oglądać z trybun albo w telewizji?
W ogóle lubię oglądać tenis. Na mecze niektórych zawodniczek – kibice na pewno domyślają się których – wyłączam głos i wtedy da się oglądać, bo to tenis na wysokim poziomie. Nie jestem jednak fanką takiego tenisa, w którym liczy się praktycznie tylko serwis.

Dwudziesty tytuł w karierze Agnieszka zdobyła w Pekinie.

W meczach Ivo Karlovicia, Johna Isnera czy Gillesa Mullera jest za mało tenisa w tenisie. Wolę, gdy coś się dzieje, gdy są wymiany.

Dawid jest nie tylko twoim trenerem, ale także komentuje tenis w telewizji. Zna się?

Ha, ha... No, zna. Robi to bardzo dobrze i lubię go słuchać. Ma miły, domowy głos. Dobrze zna wszystkie zawodniczki, więc to pomaga mu w pracy komentatorskiej. I odwrotnie, kiedy komentuje, obserwuje je w akcji, a potem podpowiada mi, jak z nimi grać. Prawie same plusy. Jedyny minus, że czasami zarywa noce i niewyspany przychodzi na trening.

Życie zawodowej tenisistki to chyba jedno wielkie déjà vu?

W nocy, gdy muszę wyjść do łazienki, nigdy nie zapalam światła, aby się nie rozbudzać. Zdarza się, że nie mogę sobie przypomnieć, z której strony jest łazienka, a z której szafa. Ile razy o coś się potykałam albo kopnęłam! Mylą mi się także piętra. Wsiadam do windy, mam zaćmienie i nie wiem, na które jadę. Raz musiałam wrócić do recepcji i zapytać, w którym pokoju mieszkam. Recepcjonista spojrzał na mnie jak na osobę co najmniej nienormalną. Dawniej nosiło się w torebce klucz na drewnianej gruszce. Była ciężka, miała za to numer pokoju. Miasta i turnieje jeszcze mi się nie mylą, ale kto wie...

A Jason i Krzysiek, kiedy przyśniesz na kozetce? Czy po przebudzeniu poznasz po dotyku, kto cię właśnie masuje?

Nie mam z tym najmniejszego problemu, ponieważ obaj mają inne specjalności, więc wykonują inne zabiegi. Jason jest osteopatą, a Krzysiek fizjoterapeutą. Jeśli już się ocknę na kozetce, to przede wszystkim sprawdzam, gdzie jestem i co tam robię.

Czy korzystasz z okazji, żeby podczas turnieju trochę pozwiedzać? Organizatorzy turniejów chyba chętnie pokazują lokalne atrakcje?

Dawniej, zwłaszcza gdy byłam gdzieś pierwszy raz, zwiedzałam wszystko, co zaproponowali – od Luwru po Wielki Mur. Sama też tego nie unikałam. W Rzymie, gdzie idzie mi zwykle średnio, wybrałyśmy się kiedyś z Alą Rosolską, bo obie szybko odpadłyśmy, na całodzienny spacer po mieście: Koloseum, Schody Hisz-

JEŚLI *JEST SIĘ GDZIEŚ* JUŻ PO RAZ DWUNASTY – JAK NAJSZYBCIEJ CHCE SIĘ WRACAĆ DO DOMU LUB PO PROSTU ODPOCZĄĆ PRZED NASTĘPNYM MECZEM.

Wimbledońska kawa z Dawidem Celtem i Krzysztofem Guzowskim.

pańskie, fontanna di Trevi – wszystko po kolei, jak prawdziwe turystki. Nie odmówiłyśmy sobie także słynnych lodów. Spędziłyśmy razem naprawdę super dzień. Teraz rzadko jest czas na takie atrakcje. Z jednej strony przybyło mi obowiązków wobec turniejów, a z drugiej, jeśli jest się gdzieś już po raz dwunasty, jak najszybciej chce się wracać do domu albo po prostu odpocząć przed następnym meczem. I bez zwiedzania mam ostatnio dość kłopotów ze stopami i piszczelami.

Gdzie tenisistki najchętniej korzystają z propozycji organizatorów?

Bardzo lubimy pływać z delfinami w Miami. Mnie się jeszcze niestety nie udało. Dobrą frekwencję mają także wycieczki na Wielki Mur, chociaż trzeba wyjechać o piątej albo szóstej rano.

Podróże to coś, czego poza zarobkami kibice najbardziej zazdroszczą tenisistom. Lubisz je czy wręcz przeciwnie?

Od dwudziestu lat jestem w podróży, więc największa atrakcja to dla mnie pobyt we własnym domu. Jeśli przez miesiąc gdzieś nie wyjeżdżam, czuję się dziwnie.

Statystyki mówią, że prawie co trzeci Polak jeszcze nigdy nie leciał samolotem. Ty krajową normę zdecydowanie zawyżasz. Czy ktoś, kto jako pasażer kilka razy obleciał Ziemię dookoła, jeszcze się czasem boi?

W termobagu jest mnóstwo przegródek i kieszonek, więcej niż w niejednej walizce.

Do samolotu wsiadam praktycznie jak do autobusu, chociaż lądowania nie zawsze są przyjemne. Raz przestraszyłam się nie na żarty; myślałam, że to już naprawdę koniec. Wracałam małą maszyną z Monachium do Krakowa. Śnieg, wiatr, samolotem rzucało we wszystkie strony. Tak zacisnęłam pas, że potem przez trzy dni jeszcze bolał mnie brzuch, a od zaciskania dłoni na poręczach miałam skurcze. Obiecywałam sobie, że już nigdy nie wsiądę do samolotu, ale cztery dni później znów gdzieś leciałam. O tamtej historii przypomniałam sobie dopiero po starcie, spłynęła po mnie jak po kaczce.

Twój tata mówił kiedyś, że po Europie latacie klasą ekonomiczną, a biznesową tylko na inne kontynenty. Czy to się zmieniło?

Tak, bo domagał się tego mój kręgosłup. Nie mogę sobie na to pozwolić, aby go dodatkowo męczyć w mniej wygodnym fotelu. Teraz latam więc praktycznie tylko klasą biznes. Po pierwsze: już nie muszę oszczędzać na biletach, a po drugie: nie chcę oszczędzać na zdrowiu.

Ile wydajesz na połączenia telefoniczne? Jak często kontaktujesz się z mamą, tatą, Ulą? I Dawidem, jeśli akurat nie ma go z tobą na turnieju.

Kiedyś wydawałam dużo więcej. Teraz naprawdę mało, bo praktycznie wszędzie jest internet, więc korzystam z aplikacji WhatsApp. Najwięcej wydaję, kiedy muszę się połączyć z agentem od biletów lotniczych, aby kupić bilet lub zmienić rezerwację, ale to nie są duże rachunki.

Jakie są proporcje w twoim bagażu – ile miejsca zajmują rzeczy związane ze sportem, a ile ubiory „cywilne", kosmetyki i inne?

Dawniej zabierałam stanowczo za dużo rzeczy, trzech czwartych ciuchów w ogóle nie używałam. Teraz, gdy latam ciągle w te same miejsca, już wiem, gdzie co może być potrzebne, w czym muszę pójść na „players' party", w czym wypada ze znajomymi na kolację, a gdzie potrzebne będzie coś cieplejszego. Dziś łatwiej się spakować, ale nie ma co ukrywać, że nadal jest tego mnóstwo: ciuchy, sprzęt sportowy, nie tylko rakiety, buty i odzież, ale również owijki czy naciągi, kosmetyki, bardzo dużo odżywek... Na dwutygodniowy wyjazd zabieram 40–45 kilogramów bagażu. Proporcje? Podczas pakowania na dwie kupki rzeczy „cywilnych" przypadają trzy, rzadziej cztery, tenisowych. Pamiętam takie koleżanki, które kilkanaście lat temu zapytane, czy już się spakowały, odpowiadały: „Tak, jeszcze tylko rakiety i możemy jechać". Dobrze, że o nich nie zapomniały... Ja zawsze zaczynam od rakiet, a potem sprawdzam, czy mam buty i naciągi. Jeśli zapomnę czegoś innego, to zawsze mogę dokupić na lotnisku albo już na miejscu. Albo ktoś pożyczy. Albo w ogóle nie będzie to potrzebne.

My, mężczyźni, lubimy pośmiać się z tego, co kobiety potrafią zmieścić w torebce. A co tenisistka nosi w termobagu, czyli tej wielkiej torbie na rakiety?

Przede wszystkim rakiety, to chyba oczywiste. W termobagu jest mnóstwo przegródek i kieszonek, więcej niż w niejednej walizce. Mam w nim sportowe ciuchy na zmianę, buty, owijki i naciąg do rakiet, frotki, czapeczkę z daszkiem, jeśli byłaby potrzebna, jakiś batonik, gdybym zgłodniała, napoje, żel do wysuszania rąk... W sumie tylko rzeczy związane z tenisem, bo babskie noszę jednak w torebce, którą zawsze mam ze sobą na korcie. Aha, nie wiem, czy powinnam o tym mówić... Nie będziesz się śmiał? Niedawno w termobagu znalazłam skarpetkę, której długo szukałam...

PODCZAS *PAKOWANIA* NA DWIE KUPKI RZECZY „CYWILNYCH" PRZYPADAJĄ TRZY, RZADZIEJ CZTERY, TENISOWYCH.

Na szczęście nie muszę już podpisywać wielu umów za średnie pieniądze, ale mogę tylko kilka za naprawdę dobre. Mam co jeść, więc zamiast brać wszystko, jak leci, lepiej współpracować z fajnymi ludźmi i markami.

Bardzo często tenisistki ubierane przez tę samą firmę wychodzą na kort w identycznych strojach. Kibice się irytują, bo czasem trudno je odróżnić, a wy? Czy wam nie przeszkadza, że gracie jakby z lustrem?

Ja tego problemu nie mam, bo w strojach Lotto gra nas stosunkowo niewiele, ale są przecież takie firmy, którym mogłoby zabraknąć kolorów do odróżnienia ich zawodniczek. Oczywiście rozumiem kibiców, ale musimy grać w tym, w czym życzy sobie sponsor. Czasami w ogóle nie mamy wyboru, bo promowana kolekcja musi się sprzedać.

Jesteś najwyżej notowaną tenisistką ubieraną przez Lotto. Czy masz wpływ na krój albo chociaż kolor strojów, które dla ciebie przygotowuje? Czy jest kolekcja „Agnieszka Radwańska", przeznaczona wyłącznie dla ciebie?

Zdarza się, jak na przykład ciemna sukienka w motylki. Zawsze mam natomiast możliwość zgłoszenia uwag, że coś trzeba poprawić. Jedna sukienka była trochę za długa i utrudniała ruch, inna za ciasna w łopatkach. W sumie niuanse.

Pokaż ręce... Czy tak wyglądają dłonie damy?

Czasem wyglądają jak u damy, a czasem tak, jakbym całe życie robiła w polu. Jestem wręcz uzależniona od osuszacza, którego podczas meczów i treningów używam non stop, bo ręce strasznie mi się pocą, zwłaszcza prawa po operacji, i ślizgają po uchwycie rakiety. Większość ludzi myśli sobie chyba, że to zwykły krem. Czasami przesadzam i dopiero wtedy muszę sięgnąć po krem, bo skóra jest już tak wysuszona, że aż pęka.

A stopy? Czy jest na nich choć centymetr kwadratowy, na którym nie było bąbli, odcisków, odparzeń?

Bąbli nie, bo od kilkunastu lat nie wychodzę na kort bez wcześniejszego zabandażowania stóp. Gdybym tego nie robiła, miałabym odciski wielkości mandarynek. Ale poważne problemy pojawiają

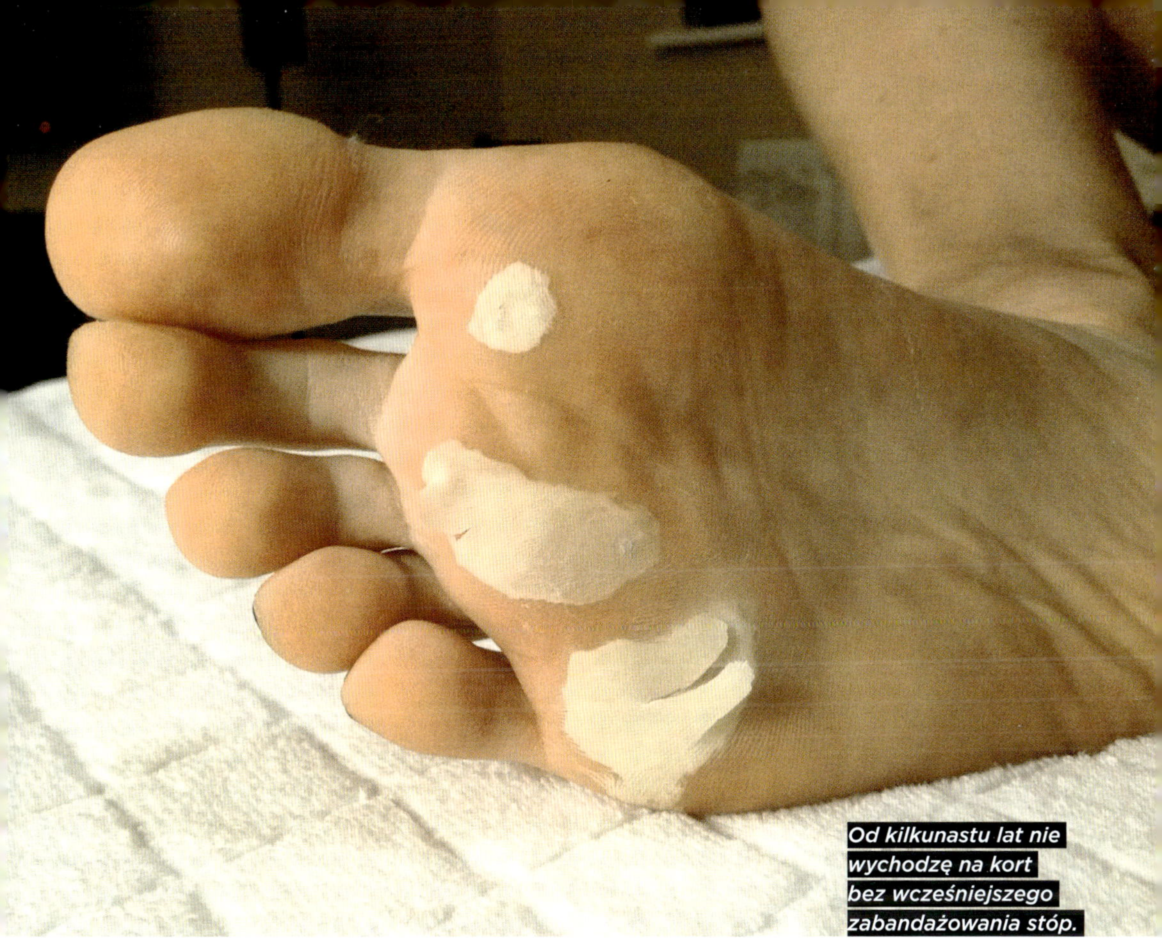

Od kilkunastu lat nie wychodzę na kort bez wcześniejszego zabandażowania stóp.

się nieoczekiwanie. To było w zeszłym roku, tuż przed rozpoczęciem sezonu na trawie. Pod wieczór zaczęła mnie boleć stopa. „E, starość...” – myślę sobie. Po godzinie zaczynam okładać ją lodem, po dwóch już praktycznie nie mogę chodzić. Stopa jest tak spuchnięta, że prawie półokrągła. Nawet klapka nie mogłam na nią włożyć. Wtedy już telefon do Krzyśka Guzowskiego, nazajutrz USG i trzy zastrzyki tak bolesne, że myślałam, że wyjdę z siebie. W stopie zgromadziło się mnóstwo płynów, stan zapalny był bardzo poważny, a za chwilę turniej w Birmingham i Wimbledon. Chcesz zobaczyć na zdjęciu, jak mi wtedy skóra odłaziła?

Może później... Ponoć cuda może zdziałać także medycyna tradycyjna. Kiedy nie pomagają maści i inne zabiegi, z pomocą przychodzi kapusta.

Z powodu diety na pewno nie cierpię. Wręcz przeciwnie – nawet powinnam złapać jeszcze kilka kilogramów, a jednak nie mogę. Tak już jestem urządzona genetycznie.

ŚNIADANIE JEM WYŁĄCZNIE Z ROZSĄDKU, BO PRZECIEŻ NIE MOGĘ IŚĆ NA TRENING NA CZCZO.

O maściach to ja już zapomniałam, bo od dawna mi nie pomagają. Ale kapusta jak najbardziej, przydaje się na obrzęki. Od pewnego czasu mam kłopoty z kośćmi piszczelowymi przednimi. Z powodu ich zapalenia praktycznie nie mogę ruszać stopami, zwłaszcza prawą. Krzysiek wpadł więc na pomysł, że skoro nie pomaga nic innego, to powinniśmy spróbować właśnie soku z surowej kapusty. Działa, chociaż początkowo byłam nastawiona bardzo sceptycznie.

Kilka razy potrzebny był chirurg. Co musiał ci poprawić, abyś nadal mogła grać w tenisa?

Lewą stopę i prawą dłoń, ale blizn praktycznie nie widać.

O twoich operacjach kibice mogli się dowiedzieć z mediów. A jaka jest ukryta cena sukcesu?

Wszystkich zastrzyków nie jestem w stanie policzyć, bo były ich setki.

A co z dietą?

Tego akurat można mi zazdrościć – jem wszystko, na co tylko przyjdzie mi ochota. Oczywiście nie opycham się tortami z bitą śmietaną, bo nie o to chodzi. Zresztą kiedyś byłam o wiele większym łakomczuchem i jadłam więcej słodyczy, jednak z wiekiem smaki się zmieniają. Jedynie w dniu meczu muszę zwracać więcej uwagi na to, co mam na talerzu, unikam wtedy jajek i ryb, jem natomiast drób, makaron i różne rodzaje pieczywa. W ogóle staram się odżywiać po prostu zdrowo i z głową. Na przykład śniadanie jem wyłącznie z rozsądku, bo przecież nie mogę iść na trening na czczo. Najchętniej w ogóle bym go nie jadła. Nie wiem, czy powinnam o tym mówić, ale niech będzie... Kiedy wracamy z Dawidem do domu po kilkudniowej nieobecności, po paru tygodniach żywienia się wyłącznie w hotelach i knajpach, idziemy do sklepu na zakupy i co kupujemy w pierwszej kolejności? Parówki albo kabanosy i kiszone ogórki. Kolacja musi być wtedy naprawdę swojska. A jak smakuje!

Konkretnie: ile ważysz?

58 kilo.

Każdy lubi czasem coś skubnąć po kryjomu. Co najchętniej podjadasz?

Owszem, ale nie muszę po kryjomu, bo z powodu diety na pewno nie cierpię. Wręcz przeciwnie, nawet powinnam złapać jeszcze kilka kilogramów, a jednak nie mogę. Tak już jestem urządzona genetycznie. Dawid niemal mnie dokarmia, bo po wzięciu odżywek czuję się czasem napchana i w ogóle nie mam apetytu, który zwykle wraca dopiero dwie, trzy godziny po meczu, a to już za późno. Wszyscy dietetycy mi powtarzają, żebym jadła najwyżej godzinę po meczu, bo wtedy organizm najlepiej przyswaja wszystkie elementy odżywcze. Podczas gry również trochę za mało piję.

Tyle mówisz o jedzeniu i niejedzeniu, a jeszcze nie padło słowo „czekolada".

Uwielbiam! Znam osoby, które muszą zjeść od razu całą tabliczkę czekolady albo pudełko ptasiego mleczka, co dla mnie jest kompletną abstrakcją. Ja zjem dwa, trzy kawałki, mam już dość i resztę odkładam na później. Tylko o czipsy czasem bijemy się z Dawidem, gdy w domu zostanie ostatnia paczuszka.

Czekolada polska, belgijska czy szwajcarska?

Hm... Szwajcarska chyba...

Zapomniałaś powiedzieć o fast foodach i kuchni ulicznej. Tej słabości nie będziesz się wypierała?

A co innego można zjeść na lotnisku? Przed podróżą wolę zjeść pod „złotymi łukami" albo w innym fast foodzie hamburgera z frytka-

Kiedyś musiałam trenować wtedy, kiedy był wolny kort, a teraz mogę już sobie wybierać taką porę, która mi pasuje.

mi. Jak on wtedy smakuje! Wiadomo, że nie za każdym razem, ale co jakiś czas.

Mówisz z takim przekonaniem, że aż słychać ten wykrzyknik.

Posiłki serwowane w samolotach już dawno mi zbrzydły. Są wręcz straszne, bez smaku, dla mnie po prostu niejadalne. Poza owocami w ogóle ich nawet nie zamawiam.

Czy jesteś śpiochem? Czy zdarza się, że budzik dzwoni, a ty go ze złością wyłączasz i przewracasz się na drugi bok?

Od dziecka wstawałam bardzo wcześnie. Wiedziałam, że to mój obowiązek, ale kto by to lubił, zwłaszcza gdy za oknem ciemno i zimno? Od budzika jestem uzależniona – nie położę się spać, jeśli go nie nastawię: wszystko jedno, czy na siódmą, czy na dziesiątą.

PAR

Kontrole antydopingowe są zwykle raz na dwa, trzy miesiące.

Jestem raczej sową niż skowronkiem i chodzę spać późno, rzadko przed północą. Kiedyś musiałam trenować – wtedy, kiedy był wolny kort, a teraz mogę już sobie wybierać taką porę, która mi pasuje. Nie trenuję przed dziesiątą, bo taki trening nie ma sensu – tak wcześnie mój organizm jeszcze nie funkcjonuje normalnie.

To dlaczego upoważniłaś kontrolę antydopingową do składania ci wizyt między szóstą a siódmą rano?

Bo wiem, że na pewno będę jeszcze w domu.

Czy często budzą cię tak wcześnie?

Różnie, zwykle raz na dwa, trzy miesiące. Kiedyś, gdy jeszcze mieszkałam z Ulą w Krakowie, kontrolerzy zadzwonili do drzwi o szóstej. Mam płytki sen, wystarczy, że ktoś zapuka, a ja już jestem na baczność. Zanim Ula się wygramoliła z łóżka, ja jeszcze w totalnym zaćmieniu, na śpiocha, niemal jak automat, poszłam do łazienki. Gdy spuściłam wodę, usłyszałam pytanie Uli z jej sypialni: „Czy ty się właśnie wysikałaś?". Dopiero wtedy naprawdę się obudziłam.

Do której trzymałyście gości w domu?

Dokładnie nie pamiętam, ale żeby było śmieszniej, to nie ja zepsułam im program dnia. Wysikałam się wcześniej niż Ula. Ale to i tak nie jest najzabawniejsza historia związana z kontrolą antydopingową. Kiedyś przyjechali w idealnym momencie. Wpuściłam komisję do mieszkania i od razu poprosiłam o kubek, bo pęcherz był już pod ciśnieniem. Wychodzę z łazienki i nagle widzę, że z kubka

---

RANO JEST RACZEJ *BÓL* MENTALNY, TEN FIZYCZNY PRZYCHODZI PÓŹNIEJ. PO TYLU LATACH CODZIENNEGO TYRANIA BUDZĘ SIĘ JUŻ ZMĘCZONA.

Przez 23 lata ani razu nie zdarzyło mi się nie pójść na trening tylko dlatego, że mi się nie chciało.

cieknie. Zanim rozpakowali kolejny kubek, w pękniętym zostało może ze dwadzieścia mililitrów moczu, czyli o wiele za mało. Nie dość, że musiałam posprzątać łazienkę, to jeszcze czekać dwie godziny... Od tamtej pory zawsze sprawdzam kubek pod światło, czy cały, a wszyscy zastanawiają się, o co mi chodzi.

Czy miałaś także chwile głębszego zwątpienia, kiedy nie chciało ci się nie tylko wstać na trening, ale nawet już nigdy nie pójść na kort? Jak sobie radzisz z takimi myślami? Co cię motywuje, aby mimo bólu fizycznego i psychicznego nadal robić swoje?

Rano jest raczej ból mentalny, ten fizyczny przychodzi później. Po tylu latach codziennego tyrania budzę się już zmęczona. Wiele razy było tak, że kompletnie nie chciało mi się wstawać z łóżka, szczególnie zimą. Muszę jednak podkreślić, że przez 23 lata, czyli od samego początku, od kiedy gram w tenisa, ani razu nie zdarzyło mi się nie pójść na trening tylko dlatego, że mi się nie chciało. Nie ma, że jestem zmęczona albo boli mnie głowa, z treningu zwalnia wyłącznie kontuzja albo choroba. Codziennie oddycham, codziennie jem i codziennie idę na trening. Co mnie do tego motywuje? Odpowiedź zamyka się w jednym słowie: to profesjonalizm. Na szczyt nie można wejść na skróty. Najtrudniej jest wstać, trzeba się wtedy przemóc, a potem człowiek już się jakoś rozkręca i wszystko samo idzie.

Kiedy pierwszy raz spróbowałaś, jak smakuje papieros i alkohol?

Nigdy nie miałam w ręku papierosa, naprawdę. W ogóle nie ciągnęło mnie do palenia i nadal nie ciągnie. Ten smród petów wręcz wszystko mi obrzydza! Alkohol też mógłby dla mnie nie istnieć, bo po prostu mi nie smakuje. Nie powiem jednak, że nigdy nie próbowałam; powiem nawet, że czasem mi pomaga. To się zdarzyło chyba w 2012 roku w Indian Wells. Wiele tenisistek, tenisistów i sędziów pochorowało się na grypę żołądkową, istny pomór. Mnie też coś brało. Zupełnie jak nie ja przespałam całą noc i pół dnia. Wstałam dopiero po południu i pojechałam na korty. Adrenalina zrobiła swoje, zagrałam całkiem dobrze i pokonałam Flavię Pennettę. A po meczu jakby ktoś wyjął wtyczkę: nagle opadłam z sił, powłóczyłam nogami, torbę ciągnęłam za sobą, ledwo doszłam po schodach na konferencję prasową. Już w hotelu zastanawialiśmy się, co mam wziąć, aby mi przeszło. Popularne lekarstwa są słabe i nie pomagają, na mocniejsze trzeba bardzo uważać, bo doping. Zajrzeliśmy więc do barku. Uznaliśmy, że jeden szot z pieprzem na pewno mi nie zaszkodzi. Chłopcy też wypili po jednym dla towarzystwa, a następnego dnia czułam się tak, jakby w ogóle nic mi nie dolegało. Generalnie jednak, jeśli wypiję drinka trzy razy w roku, to maks. Zimą, kiedy jestem notorycznie przeziębiona, a leczyć się mogę tylko aspiryną i witaminą C, dobrze mi robi odrobina pigwówki dolana do herbaty. Dawid ją od kogoś dostał. Cudownie rozgrzewa!

W rozmowie
z autorem.

Dawid ma miły, domowy głos. Dobrze zna wszystkie zawodniczki, więc to pomaga mu w pracy komentatorskiej.

Pigwówka czy Dawid?

Oczywiście Dawid! Pigwówka to jedynie zimowy dodatek do herbaty. Piwa i wina nie znoszę, lubię tylko śliwkowe, najsłodsze z możliwych. Z jednym drinkiem potrafię męczyć się cały wieczór. Szampan może być, ale ja i tak potrafię dobrze się bawić w ogóle bez alkoholu. Zresztą po dwóch małych szotach już mi się kręci w głowie. I nie mówię tego, aby lepiej wypaść w książce, ale tak, jak naprawdę jest. O narkotykach to w ogóle nie ma co wspominać, bo to jakaś abstrakcja.

Wierzę, bo twoi koledzy i koleżanki zgodnie zapewniają, że potrafisz nie tylko bawić się bez drinka, ale też będąc już osobą pełnoletnią, wracałaś do domu o pierwszej, najpóźniej drugiej w nocy, choć nazajutrz wcale nie miałaś treningu. To samodyscyplina czy obawa przed tym, co powiedzą rodzice?

Sama sobie zawsze wyznaczałam najdalej trzecią jako czas powrotu do domu. Choćbym się świetnie bawiła, jaka by nie była impreza, ja wychodziłam najpóźniej o trzeciej, a piętnaście po byłam w domu. Rodzice nie mieli nic do tego. Tak samo jest teraz. Dwa, może trzy razy „zamknęłam" imprezę o piątej albo szóstej, ale później, mimo że w ogóle nie piłam, czułam się strasznie zmęczona. Powrót do normalnego stanu trwał kilka dni, więc te imprezy kosztowały mnie za dużo energii.

Czyli w klubie czy na imprezie robisz za dziwadło?

No tak. Pamiętam, jeszcze z liceum, jak inni kombinowali, aby gdzieś za murkiem czegoś się napić. To w ogóle nie była moja bajka, ja za chwilę musiałam iść na trening. Kiedy teraz wychodzę gdzieś wieczorem, jestem bardzo mile widzianym uczestnikiem każdej imprezy towarzyskiej. Wszyscy się cieszą, bo nie tylko robię później za kierowcę, ale jeszcze jako gość specjalny dostaję w ramach promocji darmowe drinki.

Będę pamiętał... Jak w takim razie się stało, że do mediów wyciekły zdjęcia niektórych uczestników trzydziestych urodzin Dawida?

Mówimy o Uli? Przecież ona jest jeszcze drobniejsza i szczuplejsza od mnie, pije nawet mniej niż ja! Na dodatek miała wtedy problemy zdrowotne, brała jakieś leki, zresztą ciągle bierze, i prawie nic nie jadła. Wypiła dosłownie dwa, może trzy małe drinki, naprawdę nie więcej, a wyszła na jakąś pijaczkę. To niesprawiedliwe, że przez jedną imprezę ma teraz taką rysę na wizerunku.

Czy w ogóle lubisz takie imprezy towarzyskie?

Kiedyś lubiłam, ale tłumy już mnie męczą i teraz wolę kameralnie u siebie czy u kogoś w domu niż hucznie w klubie. Poza tym w klubach jest coraz mniej normalnych ludzi. Dominuje młodzież studencka oraz półnagie, wijące się panienki z cyckami na wierzchu i starsi panowie, którzy chcą je „wyrwać". To tak przykre, że odechciewa się chodzić, jeśli takie osoby mają się o mnie ocierać. Co innego, jeśli wybierzemy się dużą, trzydziesto-, czterdziestoosobową grupą, i możemy się bawić tylko we własnym gronie – to lubię, bo w czwórkę czy szóstkę już mnie to nie bawi. Świetnym przykładem może być niedawne zakończenie kariery przez Klaudię Jans-Ignacik. Całe towarzystwo było tenisowe, a impreza po prostu super!

Kto jest bardziej imprezowy – ty czy Dawid?

Również pod tym względem dobrze się dobraliśmy, bo oboje jesteśmy mało imprezowi. Za to bardzo lubię tańczyć, pierwsza idę na parkiet i ostatnia z niego schodzę. Szkoda, że mam tak mało okazji. ●

KIEDY TERAZ *WYCHODZĘ* GDZIEŚ WIECZOREM, JESTEM BARDZO MILE WIDZIANYM UCZESTNIKIEM KAŻDEJ IMPREZY TOWARZYSKIEJ.

Bardzo lubię tańczyć. Szkoda, że mam tak mało okazji.

ROZDZIAŁ 5

O znaczku pocztowym z Gwinei Bissau, dziennikarstwie schodzącym na psy, różnicy między Kowalczyk a Kowalską, religii i zdjęciach na golasa, cholernym błędzie ojca, kojarzeniu sportowca ze sponsorem i dwóch herbatach z jednej torebki

Jak zdefiniowałabyś sukces?

Hm... Wejście do światowej czołówki w tak trudnej i masowo uprawianej dyscyplinie jak tenis na pewno jest sukcesem. Chociaż każdy może mieć indywidualną definicję sukcesu. Dla jednych będzie to awans do pierwszej setki, dla innych wygranie turnieju Wielkiego Szlema, a dla nielicznych 23 takie zwycięstwa. Na pewno sukcesem jest osiągnięcie wszystkiego, na co pozwoliły możliwości. Wyznacznikiem sukcesu są także popularność i – co tu ukrywać, choć nie lubię o tym mówić – pieniądze. Nie mogę powiedzieć, że nie odniosłam sukcesu, jeśli startowałam praktycznie od zera, a zarobiłam miliony. Ile, każdy może sobie sprawdzić co do dolara. I jak to w Polsce... ludzie wytykają pieniądze mnie, Robertowi Lewandowskiemu czy Marcinowi Gortatowi. W Stanach, gdzie jest zupełnie inna mentalność, wszyscy by nas podziwiali, że się nam udało. Nie kradniemy, nie zabijamy, nie wygrywamy w totka. Każdy miał kiedyś pięć lat i mógł się zająć tenisem, piłką nożną, koszykówką albo innym dobrze płatnym sportem.

Kiedy poczułaś się gwiazdą?

W ogóle nie lubię tego słowa. Wolę myśleć o sobie jak o światowej klasy sportsmence. Gwiazda od razu kojarzy mi się z celebrytą, a to nie jest pozytywne skojarzenie. Ponieważ jednak obcy ludzie chcą sobie zrobić ze mną zdjęcie, a policjanci zamiast o prawo jazdy proszą o autograf, to w pewnym sensie jakąś gwiazdą chyba jednak jestem... Od kiedy? Naprawdę nie wiem.

NA PEWNO *SUKCESEM* JEST OSIĄGNIĘCIE WSZYSTKIEGO, NA CO POZWOLIŁY MOŻLIWOŚCI.

Nie lubię słowa gwiazda. Wolę myśleć o sobie jak o światowej klasy sportsmence.

Party po Wimbledonie w 2010 r. Od lewej: Agnieszka Radwańska, Karolina Woźniacka, Serena Williams, Marija Szarapowa, Bert Nordberg (prezes Sony Ericsson Mobile Communications), Stacey Allaster (szefo WTA), Ana Ivanović, Jelena Janković.

Miałaś okazję poznać wielu ludzi wybitnych w innych dziedzinach. Kto i dlaczego zrobił na tobie największe wrażenie?

Zdecydowanie Marcin Gortat – facet bardzo fajny, szczery, na poziomie i z dystansem do siebie.

A spoza świata sportu?

Małgosia Socha. Rzadko się widujemy, kontakt mamy bardzo sporadyczny, bo jesteśmy kobietami pracującymi. Naprawdę świetna dziewczyna, naturalna, skromna, zachowująca się całkiem normalnie, a nie jak gwiazda telewizji. Od razu była „chemia" między nami, od początku wydawało mi się, że znam ją już od wielu lat. Zaprosiła nas kiedyś do Teatru 6. piętro na przedstawienie, w którym występowała. Było super! Mam nadzieję, że niedługo będzie czas na powtórkę.

Środowisko tenisowe – ta życzliwie nastawiona do ciebie jego część – nie może się nadziwić, że będąc jednym z najbardziej rozpozna-

walnych na świecie polskich sportowców, w kraju popularnością ustępujesz skoczkom narciarskim. Nie mam nic do Kamila Stocha, nie miałem nic do Adama Małysza, a jednak nie mogę nie powiedzieć, że uprawiają sport absolutnie niszowy.

Rozpoznawalność w Polsce i rozpoznawalność za granicą to dwie całkowicie inne sprawy. Ja się wcale nie skarżę na brak popularności w kraju, bo jeśli nawet próbuję się trochę zakamuflować za okularami albo pod czapką, to i tak dziewięć na dziesięć osób spotkanych na ulicy mnie poznaje. Jak już mówiłam, na popularności mi nie zależy i nie przeszkadza mi, że skoczkowie są bardziej rozpoznawalni. Odnoszą przecież sukcesy na poziomie światowym. Jak dla mnie, mogliby skupiać na sobie całą uwagę.

Maturę zdawałaś z geografii, objechałaś pół świata, więc może wiesz, gdzie leży Gwinea Bissau? Rozumiem, twoje oczy powiedziały wszystko. Otóż w 2013 roku poczta tego państewka wydała serię czterech znaczków. Na jednym jest Roger Federer, na drugim Rafael Nadal, na trzecim Marija Szarapowa, a na czwartym ty. Masz ten znaczek?

W ogóle o tym nie wiedziałam, więc tym bardziej nie mam tego znaczka.

Od kilku lat wygrywasz plebiscyt kibiców z całego świata na najbardziej efektowne zagranie roku. Jelena Wiesnina powiedziała niedawno, że ten konkurs nie ma sensu, bo od razu można przyznać ci pierwszą nagrodę. Jeszcze trochę, a rywalki zaczną podejrzewać, że te spektakularne zagrania planujesz już przed meczem.

ROZPOZNAWALNOŚĆ W POLSCE I ROZPOZNAWALNOŚĆ ZA GRANICĄ TO DWIE CAŁKOWICIE INNE SPRAWY.

Za każdym razem jest to dla mnie duże wyróżnienie. Świadczy przecież o tym, że mój tenis podoba się wielu ludziom, że lubią oglądać moje mecze, bo zawsze coś się w nich dzieje. Cieszy mnie, że doceniają to także inne zawodniczki. Właśnie na takim uznaniu zależy mi dużo bardziej niż na rozpoznawalności na ulicy. Zagrań, które potem wygrywają plebiscyty miesiąca lub całego sezonu, nie da się jednak zaplanować. Żeby było naprawdę efektowne, potrzebne są przecież dwie tenisistki, a wszystko wynika z sytuacji na korcie i dzieje się niespodziewanie. A ja czasami trochę sobie w żartach ponarzekam, jaka to szkoda, że za takie uderzenia nie płacą jak na przykład za wygranie turnieju... Już nie mówię, że dolara za każde wyświetlenie filmiku w internecie, ale przydałaby się chociaż jakaś pamiątkowa statuetka, abym miała co zbierać.

Chyba nikt by się o tym nie dowiedział, gdyby tej historii nie opowiedziała mi Simone Kemler, znajoma dziennikarka z Niemiec. Jak to było z tą dziewczynką z Japonii, która pierwszy raz wyjechała za granicę, aby zobaczyć miejsce, gdzie w tenisa uczyła się grać Agnieszka Radwańska?

A co, sama miałam się chwalić? Tata do dzisiaj ma dobre kontakty w Gronau, gdzie spędziliśmy kilka lat. Tak doszła do mnie informacja o kilkunastoletniej tenisistce, która jest zakochana w moim tenisie. Chociaż nigdy wcześniej jeszcze nie była za granicą, wymusiła na rodzicach zgodę na wyjazd do Gronau, bo chciała pograć na tych samych kortach, na których ja kiedyś trenowałam. No i poleciała sama! W klubie przyjęli ją bardzo serdecznie, a ja przy najbliższej okazji, czyli podczas następnego turnieju w Tokio, dawałam jej bilety na każdy swój mecz. Tak, to bardzo fajna historia.

Podobnie jak ta o stłuczce w Zakopanem...

To nawet nie była stłuczka. Ja prowadziłam, wjechaliśmy na parking. Był tak zatłoczony, że musiałam się wycofać. Rozmawialiśmy, muzyka grała dość głośno i nagle delikatne uderzenie. Wysiadam

Ja się wcale nie skarżę na brak popularności w kraju.

i pytam drugiego kierowcę, dlaczego nie trąbił. Trąbił, trąbił, tylko myśmy nie słyszeli. Gdy mnie rozpoznał, zaczął dopytywać, czy nic nikomu się nie stało. Nam oczywiście nic, samochodom też niewiele, najwyżej jakaś ryska na zderzaku, ale człowiek był tak przejęty, że to ja, że tylko machnął ręką i pojechał dalej.

Dawid opowiadał mi, że znacznie bardziej przejęta była pewna dziewczyna w Australii, a zamieszanie przez nią wywołane nieporównywalnie większe.

O matko... Poszłam w Melbourne do centrum handlowego, do sklepu z kosmetykami. Coś tam sobie wącham, wybieram, gdy nagle... pisk, jakby kogoś obdzierano ze skóry! Obracam się w tamtą stronę, a tam dziewiętnasto-, może dwudziestoletnia dziewczyna zaczęła na mój widok tak piszczeć i wrzeszczeć, że wszyscy obrócili

orkday
LEXUS

Kiedyś faktycznie dużo łatwiej było przewidzieć zwyciężczynię. Nikt z nas nie jest maszyną.
Roland Garros 2017 r.

się w naszą stronę. Pół biedy, że krzyczała, że jest moją największą fanką, ale deskorolkę, którą miała ze sobą, upuściła na piramidkę opakowań z perfumami. Wszystko runęło na podłogę. Telefon, którym chciała zrobić sobie ze mną zdjęcie, upadł jej i pękł. Była tak podekscytowana, że biegała wokół mnie i wywracała kolejne półki. Normalnie jakiś amok! Zaczęło się robić kółeczko ciekawskich. Odłożyłam koszyk i wyszłam, niczego nie kupując, bo było mi głupio, że całe to zamieszanie z mojego powodu.

Czy wiesz, jak trudno być twoim kibicem? Gdy zapowiada się łatwy mecz, oglądamy horror. I na odwrót przed meczem byliśmy pełni obaw, a poszło ci jak z płatka. Dlaczego nie masz dla nas litości?

Bo już nie jest tak łatwo wygrywać jak kiedyś. Przed meczem nie można się nastawiać na cokolwiek, a już zwłaszcza na łatwy mecz. Poziom nie tylko się wyrównał, ale przede wszystkim podniósł. Dziś zawodniczki z piątej czy szóstej dziesiątki rankingu grają dużo lepiej niż jeszcze kilka lat temu. Czasem patrzymy z Dawidem czy Tomkiem na drabinkę turniejową i dla rozrywki zakładamy się, kto wygra mecz. To świadczy o tym, jak nieprzewidywalny stał się tenis. Ranking nie mówi całej prawdy o formie zawodniczki. Jedna może grać ostatnio lepiej, niż wskazuje jej pozycja, a druga gorzej; jednej odpowiadają warunki, na przykład wiatr lub hala, druga ich nie lubi; jednej pasuje styl rywalki, drugiej niekoniecznie. Wtedy numer przed nazwiskiem nie ma już takiego znaczenia. Kiedyś faktycznie dużo łatwiej było przewidzieć zwyciężczynię. Zobacz, jak trudno było być ostatnio fanem Sereny albo Rogera. Nikt z nas nie jest maszyną.

PRZED *MECZEM* NIE MOŻNA SIĘ NASTAWIAĆ NA COKOLWIEK, A JUŻ ZWŁASZCZA NA ŁATWY MECZ.

Kraków znam na wylot, a wiadomo, że inaczej się funkcjonuje w rodzinnym mieście, a inaczej w obcym. Znajomy fryzjer, znajoma kosmetyczka, znajomy dentysta... Nawet takie drobiazgi mają znaczenie, a trzeba jeszcze powiedzieć o rodzinie, przyjaciołach, kolegach i znajomych.

Nawet zdanie wypowiedziane żartem jest traktowane z niesamowitą powagą.

Kontakt z kibicami jest teraz dwukierunkowy – oni komentują, a sportowiec czyta. I odwrotnie. Czy polubiłaś media społecznościowe?
Polubiłam to złe słowo; ja je raczej zaakceptowałam. Facebook i Twitter pozwalają mi na kontakt z fanami. Muszę jednak przyznać, że nie wszystko robię sama, bo gdybym nawet chciała, to nie dałabym rady i nie wypuszczałabym z rąk telefonu. Mam dwie osoby, które mi w tym pomagają, ja tylko dostarczam im oryginalne zdjęcia. Sam wiesz, że na tych portalach jest mnóstwo śmieci, a treści niewiele. Z tego powodu uważam, że ciągłe siedzenie w sieci to po prostu strata czasu i ucieczka od rzeczywistości. Nie rozumiem ludzi, którzy tym żyją i na bieżąco muszą wiedzieć kto, co, gdzie, z kim... Znam takich, więc wiem, że to niebezpieczne, bo można się uzależnić.
Wśród tenisistek?
Też, zwłaszcza Azjatki. Niektóre nie rozstają się z telefonem.
Odnoszę wrażenie, że bardzo starannie ważysz słowa i unikasz podawania nazwisk. Kiedyś byłaś bardziej skłonna do wyrażania radykalnych opinii.
Masz rację. To dlatego, że nawet zdanie wypowiedziane żartem jest traktowane z niesamowitą powagą. Na przykład w jednym z niedawnych wywiadów z przymrużeniem oka stwierdziłam, że z seksem poczekamy chyba do ślubu. I co? Z całej rozmowy inne media podchwyciły tylko to. To nie jest nawet śmieszne; to jest żenujące. I te tytuły... Może być w nich największa głupota, byle tylko sprowokować do kliknięcia.
Oj, nie przepadasz za dziennikarzami...
Nie to, że nie przepadam, ale świat mediów, bali, „ścianek" i czerwonych dywanów to nie moja bajka. Poza tym sam najlepiej wiesz, że dziesięć lat temu dziennikarstwo wyglądało trochę inaczej niż dzisiaj. Żeby udzielić wywiadu gazecie, trzeba było już coś osiągnąć.

Wolę umówić się z Ulą na pogaduszki albo iść na kawę ze znajomymi.

MÓWI SIĘ, ŻE PONOĆ WE WSZYSTKIM JEST ZIARENKO PRAWDY, A JA JUŻ WIEM, ŻE NIE.

Przez internet wszystko zeszło prawie na psy. Na różnych portalach jakieś łebki piszą sobie, co chcą, a to już nie jest dziennikarstwo, z jakim miałam do czynienia na początku kariery. Żeby to miało chociaż coś wspólnego z prawdą! Mówi się, że ponoć we wszystkim jest ziarenko prawdy, a ja już wiem, że nie. Pokazywano mi wywiady ze mną, których w ogóle nie udzielałam! Wiele razy moje wypowiedzi zostały przekręcane, a coś, co powiedziałam żartem, było wyrywane z kontekstu i powtarzane śmiertelnie poważnie. Kopiuj-wklej to nie jest poważne dziennikarstwo. Internet je zabił i zrobiło się dziadostwo. Już nie wiadomo, czy się z tego śmiać, czy płakać. A ja wcale nie chcę być we wszystkich mediach, zresztą nigdy tego nie lubiłam. Ani mnie to kręci, ani jest mi do czegokolwiek potrzebne. Nie mam czasu i ochoty odpowiadać na wciąż te same pytania. Wolę umówić się z Ulą na pogaduszki albo iść na kawę ze znajomymi zamiast na wywiad do telewizji, a tym bardziej na galę. Może kiedyś zmienię zdanie, gdy zacznę się nudzić, ale teraz to absolutnie nie mój świat. Jeśli zrobię dobry wynik, to i tak wszyscy o tym powiedzą i napiszą.

To dlatego w wielu wywiadach wspominałaś, że w ogóle nie czytasz na swój temat, a „prasówkę" zawsze robiła dla ciebie mama?

Tak. Czasem też ktoś ze znajomych podeśle mi link, żebym i ja mogła się pośmiać z jakiejś totalnej bzdury. Zapewniam, że traktuję to jak rozrywkę i w ogóle tego nie przeżywam. Kiedyś długo czekałam na samolot. Zajrzałam do internetu i natknęłam się na quiz na mój temat. „A, zrobię sobie. Może się dowiem czegoś ciekawego" – pomyślałam. Słabo mi poszło – na czternaście odpowiedzi miałam cztery albo pięć błędów. Widocznie jeszcze nie wiem o sobie wszystkiego...

Wyjątkowo wścibskie i niedelikatne są tabloidy i portale plotkarskie. Chyba masz świadomość, że jako osoba publiczna ciągle jesteś na ich celowniku?

Oczywiście zdaję sobie z tego sprawę. Nie chcę, żeby zabrzmiało to nieskromnie, ale ilu Polaków odnosi sukcesy w sportach naprawdę medialnych w wymiarze światowym? Można ich policzyć na palcach, więc o kim te brukowce mają pisać? Grzebią w internetach i szukają jakichkolwiek choćby nawet zmyślonych czy wielokrotnie powielanych informacji na ich temat.

Czy „swoich" paparazzich już znasz z widzenia? Poznajesz z daleka ich samochody?

Tak, dwa auta są mi bardzo dobrze znane. Muszę jednak przyznać, że ci fotoreporterzy są bardzo sprytni, bo nie zawsze od razu mogę się zorientować, czy za mną jadą, czy dziś dali mi spokój. Oni starają się pracować dyskretnie. Inni w ogóle nie ukrywają zamiarów, a nawet afiszują się ze swoją obecnością. Ci potrafią wejść w tłum, żeby zrobić mi zdjęcie na ulicy. Ludzie się gapią, a mnie jest wstyd, bo to naprawdę słabe. Za każdym razem zastanawiam się, czego szukają, na co liczą. Co jest ciekawego w tym, że jadę z domu na trening, wracam z treningu czy wychodzę na kolację? Zresztą częściej zamawiam ją do domu, niż jem na mieście. Jestem dla nich strasznie nudną osobą, bo nie wywołuję skandali i sensacji, a jednak ciągle za mną łażą.

Nie traktuj tego aż tak poważnie; lepiej opowiedz jakąś anegdotę o paparazzich.

Z Ulą najczęściej wspominamy sylwestra, z którego uciekałyśmy „na Bolta". Spryciarze zarezerwowali stolik tuż obok naszego. Nie dość, że było ciemno, jak to w klubie, to jeszcze cały czas siedziałyśmy do nich tyłem, aby nie mogli nam robić zdjęć. I przez osiem

Przez kilkanaście lat mogłam się do presji przyzwyczaić, więc nie ma co jej wyolbrzymiać.

godzin nie zrobili ani jednego! Wyszłyśmy jak na komendę i przez Rynek rzuciłyśmy się biegiem do samochodu w szpilkach po dziesięciocentymetrowej warstwie szkła ze stłuczonych butelek. Innym razem pod domem mojej mamy paparazzi czyhali na mnie w kominiarkach i nie chcieli odjechać. Dzieci sąsiadów wystraszyły się, bo pomyślały, że to bandyci. Pomogła dopiero interwencja policji.

Uprawiając sport na najwyższym światowym poziomie, nie można nie wiedzieć, co to jest presja. Jak sobie z nią radzisz? Czy oczekiwania mediów i kibiców przeszkadzają, czy raczej dopingują?

Takim Rosjankom na pewno jest łatwiej, bo w pierwszej setce jest ich kilkanaście, a w dziesiątce było kiedyś aż pięć. Jeśli przegra jedna albo druga, to inna wygrywa i ta presja się rozkłada. Przez

W Pucharze Federacji wystąpiłam więcej razy niż jakakolwiek inna tenisistka ze światowej czołówki.

kilkanaście lat mogłam się do niej przyzwyczaić, więc nie ma co jej wyolbrzymiać. Z drugiej strony sama nie chcę tej presji powiększać i również dlatego staram się nie pchać w światło reflektorów.

Komentarze na twój temat zmieniają się niemal po każdym turnieju. Ich autorzy raz wzywają cię do zakończenia kariery, bo na pewno „już nic z tej Radwańskiej nie będzie", a tydzień później jesteś jedną z pierwszych w kolejce do pomnika za życia. Czy taka huśtawka cię nie męczy? Nie przeraża?

No właśnie! Wpadanie z jednej skrajności w drugą jest po prostu słabe. I znowu wracamy do polskiego dziennikarstwa. Czasem słucham „ekspertów" tenisowych – weź ich koniecznie w cudzysłów – i mam wrażenie, że znają się na tenisie mniej więcej tak jak ja na śpiewie operowym. Skoro są tak wszechwiedzący i genialni, to niech wyjdą na kort i pokażą, co potrafią. Kto im broni, przecież to wolny kraj. A w ogóle, czy musimy na ten temat jeszcze rozmawiać? Bo nie chciałabym ciągle się powtarzać, że ich opinie zupełnie mnie nie interesują.

Interesują czy nie, ale niektóre na pewno bolą. Na przykład ta, że grasz tylko dla kasy, a reprezentację Polski masz w d...

Podejrzewam, że osoby wygłaszające takie komentarze nigdy nie miały nic wspólnego ze sportem i w życiu się nie spociły. To ludzie zakompleksieni, prawdopodobnie z małych miejscowości, korzystający z poczucia anonimowości, jakie daje internet. Ktoś, kto jest inteligentny; ktoś, kto wie, co zrobić ze swoim życiem, nie wypisuje hejtu. A prawda jest taka, że w reprezentacji grałam przez dziesięć lat. Tak, nie zawsze były to najlepsze występy, zwłaszcza na igrzyskach olimpijskich, ale właśnie taki jest ten sport: w tenisie jeden wygrywa, drugi przegrywa. W Pucharze Federacji wystąpiłam więcej razy niż jakakolwiek inna tenisistka ze światowej czołówki. To jest fakt, który każdy może sam bardzo łatwo sprawdzić w internecie. Gram dla kasy? Przepraszam bardzo za to, że w tenisie płacą tak dobrze, a ja wspięłam się na jego najwyższy poziom. Mogę tylko dziękować tacie, że wybrał dla nas akurat ten sport. Nikt niczego nie dał mi za darmo; na wszystko musiałam od dziecka ciężko i dużo pracować. Zaczynałam praktycznie pod zera. Większość ludzi widzi w tenisie tylko dolary, a nie zdaje sobie sprawy, jaką drogę trzeba przejść, aby móc tyle zarabiać.

NIKT NICZEGO NIE DAŁ MI ZA DARMO; NA WSZYSTKO MUSIAŁAM OD DZIECKA CIĘŻKO I DUŻO PRACOWAĆ.

Największa fala hejtu ruszyła na ciebie po porażce w pierwszej rundzie turnieju olimpijskiego w Londynie. Poszło nawet nie o sam wynik, lecz o twoją wypowiedź po meczu z Julią Goerges.

Przede wszystkim reporter tej stacji zacytował słowa rzekomo moje, a ja ich w ogóle nie powiedziałam. Po meczu miksta razem z Marcinem Matkowskim wspólnie udzieliliśmy wywiadu TVP. Cała rozmowa przebiegła w dość luźniej atmosferze. Marcin zażartował nawet, że oczywiście nie czuliśmy żadnej presji, bo to przecież tylko mikst. Później dziennikarz innej telewizji powołał się na tę wypowiedź, a z jego relacji wynikało, że wszystko miałam gdzieś. A ja niczego takiego nigdy nie powiedziałam! Zostałam w to wrobiona i tak zaczęła się nagonka na mnie. Z takimi dziennikarzami nie zamierzam rozmawiać i na pewno nie będę z tego powodu płakała. Porażka to jeszcze nie koniec świata – jest nie tylko częścią sportu, ale również początkiem drogi do sukcesu. Nie rozumiem takiego podejścia jak płacz przed kamerą. Chyba że ktoś ma taką potrzebę albo nie potrafi inaczej poradzić sobie z emocjami, ale każdy człowiek jest inny i reaguje inaczej. Konferencja prasowa czy wywiad telewizyjny to, według mnie, nie czas i miejsce, aby użalać się nad sobą tak, jakby ktoś zrobił mi krzywdę. Faktycznie powiedziałam, że igrzyska się dla mnie skończyły, bo przegrałam w singlu i mikście, więc myślę już o następnych turniejach, Cincinnati i US Open, ale to nie znaczy, że igrzyska były dla mnie nieważne! Były, są i zawsze będą wyjątkowe. Może dlatego, że tak właśnie jest, jeszcze nie osiągnęłam na nich dobrego wyniku? Na widoku publicznym wylewna na pewno nie jestem, raczej zamknięta w sobie. Prawdziwe emocje okazuję tylko w prywatnym gronie. Niedawno oglądałam mistrzostwa świata w narciarstwie. Justyna Kowalczyk zajęła ósme miejsce. Gdyby to była jakaś Kowalska, media zrobiłyby z niej boginię i trąbiłyby o sukcesie, a o wyniku Justyny mówiły jak o porażce. Ktoś ją nawet wypuszczał w wywiadzie, że co będzie teraz

Porażka to jeszcze nie koniec świata – jest nie tylko częścią sportu, ale również początkiem drogi do sukcesu.

robiła, bo ósma, że źle, że słabo i tak dalej. Nie cierpię takich opinii, bo wychodzi z nich zwykła zawiść. Justyna odpowiedziała, że nie będzie rozpaczała i rozdzierała szat, bo zrobiła wszystko, co mogła. Przecież nie zajęła tego „tylko" ósmego miejsca komuś na złość. Raz idzie lepiej, raz gorzej, bo to tylko sport. I tak czapki z głów za to, co zrobiła. Jak może być porażką ósme miejsce w mistrzostwach świata? Oczywiście Justyna biegła po to, żeby zdobyć medal, ale tego dnia siedem rywalek było od niej lepszych. Tylko siedem! Dziennikarze powinni lepiej dobierać słowa.

Jak długo zamierzasz nie udzielać wywiadów stacji, której nazwy nie chcesz wymieniać? Do końca kariery?

Minęło prawie pięć lat. Czy przeprosili mnie za tamten reportaż? Sprostowali nieprawdziwe informacje, które o mnie podali?

Czy możemy porozmawiać o religii?

Nie rozumiem, skąd się wzięło tak wielkie zainteresowanie w internecie moją wiarą. Tak, jestem katoliczką. Jak większość Polaków. Nie chodzę do kościoła w każdą niedzielę, bo przez osiem miesięcy w roku nie ma mnie w Polsce. Ślub wezmę kościelny, dzieci ochrzczę i koniec, kropka.

Nie stawiajmy jeszcze, proszę, tej kropki. Byłaś ambasadorką akcji „Nie wstydzę się Jezusa". Jak do tego doszło?

To jedna z wielu inicjatyw ojca, pod które nas podpinał. Nie powiem, że nas do tego zmuszał, ale podejmował decyzje w naszym imieniu. O wszystkim dowiedziałam się już po fakcie. Byłam wtedy jeszcze nie dość dojrzała, aby powiedzieć „Nie".

Potem była głośna sesja dla magazynu „ESPN Body Issue", po której najbardziej konserwatywna część Kościoła niemal odsądziła cię od czci i wiary.

Nie wiem, po co to w ogóle mieszać z Kościołem. Na temat tych zdjęć najchętniej wypowiadali się ci, którzy ich nie widzieli i w ogó-

Na widoku publicznym wylewna na pewno nie jestem, raczej zamknięta w sobie.

CHODZI *O PROPAGOWANIE* ZDROWEGO TRYBU ŻYCIA. ZA UDZIAŁ W SESJI NIKT NIE DOSTAJE NAWET CENTA.

le nie mają pojęcia, co to za pismo. Swoje dołożyły od siebie także polskie media i wszyscy pewnie wyobrażali sobie jakąś pornografię. A magazyn ESPN to czysty sport! Zdjęcia pokazują piękno wysportowanego ciała. Do tego samego numeru pozował John Isner. Cała Ameryka była zachwycona, a u nas najgłośniej odezwali się ludzie słabo zorientowani w temacie. Rok wcześniej zaproszono Danielę Hantuchovą, rok później Tomáša Berdycha i Venus Williams, a w ogóle w każdym numerze występuje ponad dwudziestu wybitnych sportowców z różnych dyscyplin. Chodzi o propagowanie zdrowego trybu życia. Za udział w sesji nikt nie dostaje nawet centa, bo zaproszenie do niej to wielkie wyróżnienie dla każdego zawodnika. Nadal nie mogę zrozumieć, co ma do tego wiara.

Czy w tej sprawie kogoś się radziłaś? Pytałaś kogoś o opinię, czy zgodzić się na tę sesję?

Stuarta, czyli mojego agenta, i mamę. Wahałam się, ale się zgodziłam.

Trudno było?

Początkowo zastanawiałam się, czy dam radę rozebrać się przy piętnastu osobach, ale atmosfera była tak fajna, że szybko pozbyłam się obaw i poczułam na tyle komfortowo, na ile można się czuć, będąc nagą. Dla całej ekipy był to chleb powszedni, nic niezwykłego. O, jeśli możemy wrócić do pytania, kiedy poczułam się gwiazdą, to właśnie wtedy. Chyba każda tenisistka chciałaby być tak wyróżniona. Przecież tam nie można wcisnąć się z ulicy. Uważam, że nie mam czego się wstydzić. Niczego nie żałuję.

Udział w „Szlachetnej Paczce" to naprawdę świetna rzecz. Robimy to z Ulą chyba od ośmiu lat.

Czy w ogóle interesujesz się polityką?

Nie za bardzo.

Za to polityka interesuje się tobą i od czasu do czasu wtrąca się do twojej kariery.

To, niestety, „zasługa" ojca. Zawsze był politycznie bardzo zaangażowany i wciągał w to także nas, stawiając często przed faktem dokonanym. Od początku odbijało się to nam – mnie i Uli – czkawką. Chciałam i chcę być apolityczna. Nigdy nie mieszałam sportu z polityką, bo tego nie powinno się robić; to mnie do niej wmieszano. Efekt jest taki, że spadają na mnie gromy z obu stron.

W przydomku „Pisia" trudno doszukać się sympatii.

A co ja mogę na to poradzić?

Co robiłaś 10 kwietnia 2010 roku?

Byłam w Krakowie. Rano, w hali należącej do wojska, które bardzo nam wtedy pomagało, grałam trening z Aśką Sakowicz. W pewnym momencie na kort wszedł generał Mieczysław Bieniek i powiedział nam, co się stało w Smoleńsku. Jezu, to był szok! Myślę, że każdy człowiek w Polsce, niezależnie od tego, jakie ma poglądy, czuł wtedy to samo. Zginęła przecież elita polityczna naszego kraju. Z szacunku dla Prezydenta poszłam na jego pogrzeb. Co w tym złego?

Kiedy zrobiono zdjęcie, przez które ludzie zaczęli cię kojarzyć z Prawem i Sprawiedliwością?

W pierwszą rocznicę katastrofy. Byłam na Rynku z tatą, aby oddać hołd Prezydentowi i wszystkim, którzy zginęli w Smoleńsku. Chyba nic w tym nadzwyczajnego, prawda? A przyczepiono mi łatkę, jakby ktoś w ogóle znał moje poglądy polityczne.

Czy bierzesz udział w wyborach?

Nie, bo zazwyczaj nie ma mnie wtedy w Polsce, ale gdybym była, to zapewne poszłabym głosować. Przecież to nasz obowiązek obywatelski.

Pieniądze od pana Ryszarda Krauzego bardzo mi pomogły przebić się do czołówki.

Środowisko, z którym pochopnie cię skojarzono, co roku apeluje o bojkot Wielkiej Orkiestry Świątecznej Pomocy. W twoim przypadku bezskutecznie, bo znowu przekazałaś na aukcję swoją rakietę.
W ogóle tego nie należy mieszać! Hołd dla Prezydenta to jedno, a pomoc dla wielkiej akcji charytatywnej to zupełnie coś innego. Wiadomo, jaka u nas jest polityka – wszyscy próbują kogoś podpiąć, połączyć, jakoś wykorzystać. Nas wciągnął ojciec i to był cholerny błąd.
Czy wiesz, jaką cenę osiągnęła w tym roku twoja rakieta?
Nie. Na różne aukcje przekazuję rakiety, sukienki, ręczniki turniejowe i wiele innych pamiątek, więc trudno mi wszystko spamiętać. Bardzo się jednak cieszę, że każda z tych rzeczy może pomóc chociaż odrobinę. Z prośbą o pomoc zgłasza się do mnie wiele orga-

nizacji i fundacji. Wiele tych próśb trafia przez mamę i tatę. Za ile poszła ta rakieta?

2550 złotych.

Bardzo się cieszę, że mogłam komuś pomóc.

Akcje charytatywne nie są ci obce, przecież od wielu lat bierzesz z Ulą udział w „Szlachetnej Paczce". Dość długo robiłyście to po cichu i utrzymywałyście w tajemnicy przed mediami.

W tajemnicy? Nie... Kto chciał się dowiedzieć, ten wiedział. Oczywiście nie o to chodzi, żeby biegać po podwórku jak kura, która właśnie zniosła jajko, ale trzeba to pokazywać, bo może komuś nowemu lampka się w głowie zapali i tak akcja się nakręca. To naprawdę świetna rzecz. Robimy to z Ulą chyba od ośmiu lat.

Wcześniej na działalność charytatywną raczej nie było cię stać. Przeciwnie, to ty potrzebowałaś pomocy. Na szczęście znalazł się sponsor...

Tak, Prokom. Wreszcie miałam na wyjazdy, a i na życie też trochę z tej kupki zostało. Skończyła się presja, że koniecznie muszę coś wygrać, i obawy, że nie będę mogła gdzieś pojechać. Pieniądze od pana Ryszarda Krauzego bardzo mi pomogły przebić się do czołówki.

Kilka lat temu zaczęłaś współpracę z agencją menedżerską. To w polskim sporcie wciąż rzadkość i trochę abrakadabra. Jakie masz z tego korzyści?

Tata nie widział potrzeby wiązania się z agencją menedżerską, bo zawsze wolał sam wszystko robić i załatwiać. A przecież agencja

TATA NIE WIDZIAŁ POTRZEBY WIĄZANIA SIĘ Z AGENCJĄ MENEDŻERSKĄ, BO ZAWSZE WOLAŁ SAM WSZYSTKO ROBIĆ I ZAŁATWIAĆ.

LEXUS

to wielka pomoc we wszystkim – od prostych spraw takich jak rezerwowanie hoteli i biletów lotniczych po załatwianie kontraktów reklamowych.

Jak wygląda kojarzenie sportowca ze sponsorem lub reklamodawcą?

Z inicjatywą wychodzi zwykle sponsor. Zgłasza się do agencji, a agencja zbiera i wstępnie weryfikuje oferty. Może też być odwrotnie, bo ludzie w tej branży mają liczne kontakty. Ze Stuartem, moim agentem, znamy się tak długo, że rozumiemy się już bez słów. Kiedy on zmienił pracę, ja zmieniłam agencję, aby nadal z nim współpracować. Stuart wie, jakie branże i firmy mi odpowiadają, a które nie wpłyną dobrze na mój wizerunek; jaki rodzaj obowiązkowej aktywności na rzecz turnieju bardziej mi odpowiada, a jakiego wolałabym unikać. Całkiem niedawno pojawiła się oferta bardzo korzystna finansowo, ale niepasująca do mojego wizerunku, więc ją odrzuciliśmy.

Z jakiej branży?

Nie mogę powiedzieć.

Jakiego rodzaju aktywności unikasz podczas turniejów?

Wszystkiego, co odbywa się poza obiektem, bo najczęściej nawala transport. Tracę wtedy czas, który mogłabym poświęcić na odpoczynek. Stuart przedstawia propozycje, ale ostateczna decyzja zawsze należy do mnie.

Ile takie usługi kosztują?

To są sprawy poufne. Wysokość prowizji zależy przede wszystkim od pozycji zawodnika i zakresu usług świadczonych przez agencję. W zamian za pośrednictwo agencja pobiera określoną procentowo prowizję od każdego kontraktu, ale nie od nagród wywalczonych przeze mnie na korcie. W sumie warto z takiej pomocy skorzystać, bo mówiąc obrazowo, lepiej mieć pięćdziesiąt procent od miliona niż sto procent od stu tysięcy. Mój tata wolał sam nie zarobić, niż oddać komuś choćby dolara. Powiedziałabym, że to mentalność bardzo oldskulowa.

Organizatorzy turniejów chętnie pokazują tenisistkom lokalne atrakcje.

Czy przed twoimi drzwiami stoi kolejka menedżerów z umowami gotowymi do podpisu?

Kolejką bym tego nie nazwała, ale prawie cały czas ktoś się kręci. Nie o to chodzi, żeby wyskakiwać ludziom z lodówki. Na szczęście nie muszę już podpisywać wielu umów za średnie pieniądze, ale mogę tylko kilka za naprawdę dobre. Mam co jeść, więc zamiast brać wszystko, jak leci, lepiej współpracować z fajnymi ludźmi i markami i ja mam to szczęście. Trzeba również pamiętać, że obie strony mają i prawa, i obowiązki. Od czasu do czasu muszę być do dyspozycji sponsora, wziąć udział w sesji fotograficznej, nakręcić filmik reklamowy, pójść na konferencję prasową. Dobry sponsor rozumie specyfikę mojej pracy i wie, że nie mogę przylecieć na zawołanie.

Twoich głównych sponsorów kibice znają z telewizji – logotypy Lotto, Lexusa, Workday i Lotosu są na twoim stroju tenisowym. Jakie jeszcze firmy zapewniają ci komfort finansowy?
Z poważniejszych partnerów – Rado. Z tą marką jestem związana od ponad trzech lat, niedawno doszedł Inglot, a ostatnio Lotos. Fajnie być w jednej grupie z najlepszymi sportowcami w Polsce. Kilka innych umów już wygasło.
Słyszałem, że biżuteria też nie jest dziełem przypadku...
Tak. Dawid za bardzo się na tym nie zna, ale też uważa, że najbardziej mi do twarzy z Lilou.
Urodziłaś się i wychowałaś w Krakowie, więc nieobce są ci chyba żarty o centusiach...
No nie! Nawet chłopaki czasem się ze mnie śmieją, że jestem „centuś", ale do kawałów generalnie nie mam pamięci, natychmiast wypadają mi z głowy.
Dwóch herbat z jednej torebki chyba nie parzysz...
To zależy. Jeśli robię od razu dwa kubeczki czy dwie filiżanki, to wtedy owszem, z jednej torebki, bo nie lubię mocnej herbaty. A jeśli tylko dla jednej osoby, no to już nie.
Jaki jest twój stosunek do pieniędzy?
Szanuję je. Kiedyś ich nie miałam; nie było nic, bo wszystko inwestowaliśmy w tenis. Do tego stopnia, że z wielu turniejów – już chyba o tym wspominałam – wracaliśmy do Krakowa bocznymi drogami, bo nie było nas stać na płatną autostradę. Albo pożyczaliśmy od znajomych, żeby zapłacić rachunek za hotel. Chociaż na toreb-

SZANUJĘ *PIENIĄDZE.* KIEDYŚ ICH NIE MIAŁAM; NIE BYŁO NIC, BO WSZYSTKO INWESTOWALIŚMY W TENIS.

Nagrody za najbardziej spektakularne zagrania roku to dla mnie duże wyróżnienie. Świadczą przecież o tym, że mój tenis podoba się wielu ludziom, że lubią oglądać moje mecze. Cieszy mnie, że doceniają to także inne zawodniczki.

ki i buty wydałam potem majątek, to jednak nie obnoszę się z pieniędzmi, nie szastam nimi na prawo i lewo. Źle bym się wtedy czuła. I nie ma w tym żadnej sprzeczności, bo torebkę albo buty najczęściej kupuję sobie po wygranym turnieju. To taki rodzaj nagrody. Wiem, że pieniądze zmieniają ludzi, jednak mam nadzieję, że mnie nie zmieniły. Zbyt długo i zbyt ciężko na nie pracowałam, za dużo

Dwa miliony dolarów za turniej Masters, który wygrałam w 2015 roku, to nie była wypłata tylko za pięć meczów.

poświęciłam, żeby nagle pod wpływem kasy stać się kimś zupełnie innym. Tak zostałam wychowana. Nie wstydzę się tego, że jeśli gdzieś coś mogę dostać za darmo lub taniej, to korzystam z okazji. Kupowanie na wyprzedażach sprawia mi wręcz przyjemność. Wiadomo, w tenisie są duże pieniądze. Trzeba też jednak pamiętać, że dwa miliony dolarów za turniej Masters, który wygrałam w 2015 roku, to nie była wypłata tylko za pięć meczów. Ja na te pieniądze pracuję od piątego roku życia. Dorobiłam się ich tyle, że o nic materialnego już nie muszę się martwić, ale to nie było i nie jest moim celem. Na pewno nie oszczędzam na prezentach, jeśli już coś komuś kupuję, to nie patrzę na cenę. Nie oszczędzam także na imprezach, które wyprawiam dla przyjaciół. A na co dzień żyję jak każdy: robię zakupy w sklepach spożywczych, aptekach, drogeriach... Na pewno trochę częściej jem na mieście, ale między treningami, gdybym nawet lubiła i umiała, nie mam czasu gotować obiadu, a wieczorem już mi się nie chce, bo wolę odpocząć.

Jak często sprawdzasz, ile masz na koncie?

W ogóle nie sprawdzam, bo stan konta ciągle się zmienia i nie jest to dla mnie najważniejsza rzecz na świecie. Wpływy są duże, ale rachunki również wysokie.

O twoich torebkach i liczbie butów już krążą legendy. Czy sama wiesz, ile ich masz?

Nie mam pojęcia, bo naprawdę dużo. Bardzo dużo... Ta kolekcja sprawia mi przyjemność; cieszy, że mogłam sobie na nią pozwolić. Czasem podliczam, ile są warte. Łapię się wtedy za głowę i obiecuję sobie, że już nigdy nie kupię następnej! Ale kupuję, bo dla każdej baby to takie dodatki, których nigdy za wiele. Możemy być ubrane w worek po kartoflach, ale fajną torebkę i fajne buty musimy mieć.

Jedna z tych bab prosiła, abym spytał, czy masz „birkinkę"? Jeśli tak, to ile za nią zapłaciłaś i jak długo na nią czekałaś? Od siebie jeszcze dodam – co to jest „birkinka"?

Kupuję, kiedy coś mi się bardzo podoba, jeśli jestem czymś zachwycona.

To marka bardzo drogich torebek robionych na zamówienie. Kosztują od kilku do kilkuset tysięcy dolarów. Ja nie mam. Nieraz już chciałam nawet zamówić, ale nie wiem, czy za kilka lat, bo tyle trzeba normalnie czekać, nadal chciałabym mieć akurat taką torebkę. Mówię „normalnie”, bo wiem, że są sposoby, aby ten czas skrócić. Karolina Woźniacka zna takie adresy w Stanach, gdzie

Od czasu do czasu muszę być do dyspozycji sponsora – wziąć udział w sesji fotograficznej, nakręcić filmik reklamowy, pójść na konferencję prasową. Dobry sponsor rozumie specyfikę mojej pracy i wie, że nie mogę przylecieć na zawołanie.

Mam kilka nieruchomości – w Warszawie, w Krakowie, w Miami.

można załatwić „birkinkę" niemal od ręki. Do tych sklepów nie wejdzie jednak nikt z ulicy, potrzebne są znajomości. Obiecała, że mnie tam zabierze, kiedy znowu będziemy w Nowym Jorku. Mogłam z tej propozycji skorzystać już wcześniej, ale nie jestem aż tak zdesperowana.

Ile pieniędzy wydałaś na buty, których nigdy nie założyłaś?

Są i takie, chociaż bez przesady, naprawdę niewiele. Kiedyś zdarzało się to częściej, ale teraz kupuję już rozważnie; z przekonaniem, że ich potrzebuję, i z pomysłem, do czego będę je nosiła.

Co decyduje o tym, że kupujesz kolejną sztukę czy parę? Moda? Kaprys? Zazdrość, że inna już to ma, a ty jeszcze nie?

Ja w ogóle nie odczuwam czegoś takiego jak zazdrość, że ktoś ma, a ja nie. Może dlatego, że mnie na to stać i w każdej chwili mogę to mieć. Kupuję, kiedy coś mi się bardzo podoba, jeśli jestem czymś zachwycona. Nowy, fajny model, moje ulubione kolory, przekonanie, że będę w tym dobrze wyglądała, że but czy torebka pasują do czegoś, co już mam, i na pewno mi się przydadzą, to są argumenty, które skłaniają mnie do decyzji na „tak".

Ulubione kolory, czyli?

Na pewno nie zielony i pomarańczowy. Poza tymi dwoma lubię mieć w szafie wszystkie kolory, bo ważne, żeby dobrze ze sobą współgrały. Muszę jeszcze powiedzieć, żeby ktoś nie pomyślał sobie, że na co dzień chodzę w butach na koturnach. Ostatnio najczęściej wybieram buty z płaską podeszwą, bo stopy coraz bardziej mi dokuczają. I już dawno wyleczyłam się z kupowania butów o pół numeru za małych albo troszkę niewygodnych, bo może się rozchodzą i będzie okej. Nie będzie i albo idą na prezent, albo lądują w szafie. Na szczęście mama i Ula mają niemal identyczny rozmiar stopy co ja. Podobnie jest z torebkami w nagrodę po udanym turnieju. Nie kupuję od razu na siłę. Mogę poczekać kilka tygodni, bo znam swój grafik i wiem, gdzie jest większy wybór albo niższe ceny.

Torebki i buty to oczywiście tylko drobne przyjemności. Pieniądze zarobione na korcie mogą się kiedyś skończyć. Żeby ich nie przejeść, w coś je inwestujesz. W co?

Na przykład w nieruchomości. Mam kilka – w Warszawie, w Krakowie, w Miami... Na inne pomysły na razie nie mam czasu, wolę skupić się na tenisie niż biznesie. Na biznes przyjdzie pora dopiero po zakończeniu kariery.

Miami to tylko inwestycja czy także jedna z opcji na przyszłość?

W Stanach Zjednoczonych spędzam dwa, trzy miesiące w roku. I wystarczy. Na stałe chyba nie chciałabym tam mieszkać. Uważam jednak, że każdy, kto nigdy jeszcze tam nie był, powinien koniecznie pojechać. To zupełnie inny świat, inna mentalność, inni ludzie.

ROZDZIAŁ 6

O dłoniach swoich i cudzych, kiju w rurze, zbrodni i karze, trudnych dniach kobiety, żetonie na szatnię, robocie na półtora etatu i szczęściu na rowerze

workday
LEXUS

Jak się czujesz jako warszawianka z wyboru?

W ogóle nie czuję się warszawianką. Ja tu tylko mieszkam i trenuję, w centrum prawie nie bywam. Moja Warszawa to jedynie lotnisko, korty Mery, Galeria Mokotów i kilka knajpek w pobliżu domu.

Czyli obecna stolica Polski słabo wypada w porównaniu z poprzednią?

No, słabo... Wciąż jestem zakochana w Krakowie, chociaż smog większy i trudniej się jeździ po mieście. Jeśli Kraków stanie w korkach, to stoi w miejscu pół godziny, a Warszawa powoli, ale jednak sunie do przodu. Widzisz, chociaż to jakiś plus dla Warszawy. Kraków znam na wylot, a wiadomo, że inaczej się funkcjonuje w rodzinnym mieście, a inaczej w obcym. Znajomy fryzjer, znajoma kosmetyczka, znajomy dentysta... Nawet takie drobiazgi mają znaczenie, a trzeba jeszcze powiedzieć o rodzinie, przyjaciołach, kolegach i znajomych. Dopiero to wszystko sprawia, że człowiek czuje się w takim mieście jak u siebie.

Czy zastanawiałaś się nad przeprowadzką na przykład do Monte Carlo, dokąd przed wysokimi podatkami we własnych krajach uciekło wielu czołowych tenisistów?

Tak, były takie pomysły. Interesowałam się, jak by to wyglądało formalnie, i doszłam do wniosku, że za dużo zachodu, a za mało

WCIĄŻ JESTEM *ZAKOCHANA* W KRAKOWIE, CHOCIAŻ SMOG WIĘKSZY I TRUDNIEJ SIĘ JEŹDZI PO MIEŚCIE.

korzyści. Na przykład nie mogłabym wracać do Polski tak często, jak bym chciała, i praktycznie każdą przerwę między turniejami musiałabym spędzać w Monte Carlo. Ludzie, którzy płacą podatki trzy razy wyższe niż w Monako, też mogą być szczęśliwi, a ja pod tym względem – jeśli oczywiście nic się w Polsce nie zmieni – nie mam najgorzej. Temat upadł, bo najlepiej czuję się na własnych śmieciach, a to jest bezcenne. Warto także pamiętać, że podatki od nagród w turniejach i tak wszyscy płacą tam, gdzie jest rozgrywany turniej.

Ile ci zabierają? Trzydzieści procent? Czterdzieści?

Różnie, ale średnio około jednej trzeciej.

Wspominaliśmy o operacjach ortopedycznych. Ciebie byłoby stać chyba na każdego chirurga plastycznego. Czy przeszła ci kiedyś przez głowę myśl, żeby coś tam sobie poprawić?

A pewnie, jak każdej babie! Najchętniej poprawiłabym sobie ze sto rzeczy. Zaczęłabym chyba od podbródka, nos bym chciała mieć trochę mniej okrągły, a potem zawsze jeszcze coś by się znalazło. Tylko nie mów o tym Dawidowi, bo jednak żartuję. Z powodu takiego, a nie innego nosa na pewno nie dałabym się pokroić.

Co z twoim astygmatyzmem i krótkowzrocznością? Czy nosisz szkła kontaktowe?

Nie. Obie wady są delikatne, raptem pół dioptrii, więc nie ma takiej konieczności. Normalnie nie sprawiają mi żadnych problemów. Tylko prowadzenie samochodu po zmroku powoduje pewien dyskomfort.

Sprawdzałaś, jak wyglądałabyś w okularach korekcyjnych?

Wiem, jak wyglądam w okularach, bo mam kilka par. Jednej używam w czasie jazdy samochodem i jeśli do kompletu nie zacznie jeszcze padać deszcz, to jest w porządku. Inne służą mi do kamuflażu. I wcale nie mocno przyciemniane szkła, ale zwykłe zerówki. Zdarza się, że także w okularach ktoś mnie jednak rozpozna. „O, Radwańska traci wzrok!” – słyszałam nie raz, nie dwa.

Wyjątek to mecze w reprezentacji Polski, wtedy maluję paznokcie na biało i czerwono.

Twoje paznokcie kamerzyści często pokazują w bardzo bliskich kadrach. Widać, że na manicure zwracasz dużą uwagę.

Tak. Dla marki Inglot wybrałam nawet swoją kolekcję kolorów. Jest ich sześć, gorąco polecam! Przed meczem nigdy nie dobieram koloru lakieru do koloru rakiety. Jedyny wyjątek to mecze w reprezentacji Polski, wtedy maluję paznokcie na biało i czerwono. A tak w ogóle, to lubię zmieniać kolory. Każdy ma hopla na jakimś punkcie. Ja u innych ludzi, czy to facet, czy dziewczyna, zwracam uwagę właśnie na dłonie. O swoje staram się dbać sama, bo to mnie odpręża. Do manicurzystki chodzę w zasadzie tylko przy okazji pedicure'u. Moim zdaniem to fajne, że jeśli nawet jesteśmy na korcie spocone, zdyszane i czerwone od upału, to chociaż manicure pokazuje naszą kobiecość.

Dość dawno temu żartowaliśmy nawet, że jeśli nie uda ci się kariera tenisowa, to fach w ręku masz!

No tak, wiele razy malowałam dziewczynom paznokcie przed turniejowymi „players' party" czy meczami Pucharu Federacji. Nawet się śmiały, że gdyby coś mi nie wyszło w tenisie, to na pewno sobie poradzę jako manicurzystka. Bo mam do tego dar, zawsze przychodziło mi to bardzo lekko. Kiedy zobaczę w jakimś magazynie makijaż, który mi się spodoba, potrafię zrobić sobie taki sam. To duże ułatwienie, bo nie muszę nikomu tłumaczyć, o co mi chodzi. Widocznie mam wrodzone zdolności, bo przecież nie chodziłam na żadne kursy. Podobnie jest z fryzurą. Nieraz dziewczyny zastanawiają się, kiedy znajduję czas, aby pójść do salonu. Jeśli mam tylko dwadzieścia minut do kolacji, czeszę się i maluję w osiemnaście, żeby jeszcze zjechać windą i się nie spóźnić. A na dole wszyscy się dziwią, że zrobiłam to sama w swoim pokoju.

To może do okładkowej sesji zdjęciowej też się sama przygotujesz? Wydawca oszczędzi na honorariach dla ekipy, a ty czas, na którego brak ciągle narzekasz.

Wiem, że to potrzebne, ale gdy przez godzinę ktoś mnie maluje albo czesze, niemal dostaję drgawek. Mimo że efekt jest fantastyczny, takie sesje jednak mnie męczą.

Ile razy farbowałaś włosy? Kiedy zwykle zmieniasz ich kolor?

Farbuję je dość regularnie, co trzy–cztery miesiące. Wszyscy się ze mnie śmieją, że co turniej mam inny kolor włosów, ale naprawdę bardzo szybko mi płowieją i zmieniają odcień od słońca, wiatru i potu.

Nie mów, że to wiatr zrobił kiedyś z ciebie blondynkę!

No nie... Zaczęło się wtedy od blondu, potem było ombre. Myślałam sobie nawet, że w okularach i z jasnymi włosami nikt mnie nie rozpozna. Miał być hit, a wyszedł szok. Mimo że ja sama ledwo rozpoznawałam się w lustrze, ludzie na ulicy nie mieli żadnych wątpliwości, że to ja.

Pewnie rozpoznawali cię po nosie i brodzie.

Dokładnie! Trudno je zakryć.

Żarty żartami, ale co skłania cię do zmiany koloru włosów?

Czasem z takim zamiarem noszę się dość długo, ale z farbowaniem czekam, aż wreszcie będę miała na to czas. Kiedy przez kilka tygodni jeżdżę z turnieju na turniej, nie przejmuję się odrostami i nie szukam na gwałt przypadkowego fryzjera. Poza tym co trzy-cztery miesiące robię kreatynę. Mam naturalnie kręcone włosy, niemal afro. Muszę więc znaleźć czas na oba te zabiegi.

Sezon jest długi, urlop od tenisa to ledwie kilka tygodni w roku. Co najchętniej robisz, jeśli jesteś w domu i nie musisz iść na trening?

Taki urlop to idealny moment do zrobienia remanentu w szafie. Wyleczyłam się z myślenia, że coś się jeszcze przyda, że moda na to kiedyś wróci... Jeśli coś ani razu nie przydało się przez trzy lata, to już nigdy się do niczego nie przyda, a moda na to bezpowrotnie przeminęła. Takie ciuchy do szafy już nie wracają. Oczywiście nie wyrzucam ich na śmietnik, bo komuś potrzebującemu mogą

MYŚLAŁAM **SOBIE NAWET, ŻE W OKULARACH I Z JASNYMI WŁOSAMI NIKT MNIE NIE ROZPOZNA.**

Wszyscy się ze mnie śmieją, że co turniej mam inny kolor włosów.

Najlepiej czuję się w sportowych lexusach serii F – RCF, GSF albo ISF.

się jednak przydać. Ostatnio uzbierały się trzy wory takich ubrań. Czas takiego urlopu to doskonała pora, aby właśnie pójść do fryzjera albo załatwić zaległe sprawy.

Czy jest coś – jakieś hobby, jakaś pasja – co od lat z braku czasu odkładasz na później?

Moją wielką pasją, zresztą Uli również, są rolki. W dzieciństwie jeździłyśmy na nich bez przerwy. Czasem aż tak, że następnego dnia niemal nie mogłyśmy chodzić. Teraz nie mogę sobie na to pozwolić, ale rolki w domu mam. Muszą poczekać, podobnie jak padel, squash, narty i deska.

Masz jakiś ulubiony program telewizyjny, niekoniecznie serial?

W seriale telewizyjne, będąc co tydzień gdzie indziej, trudno się wciągnąć, więc oglądam raczej te, które są dostępne przez internet. Nie wiem, czy już wspominałam, ostatnio z dużą przyjemnością oglądam *Dynastię Tudorów*. Lubię także programy muzyczne, te wszystkie talent show. A najbardziej kwalifikacje do nich, to dla mnie fajna rozrywka. Jeśli akurat trafi się dobry film, też chętnie obejrzymy.

Mówiłaś, że lubisz tańczyć. Czy dostałaś propozycję występu w *Tańcu z gwiazdami*?

Nie. A gdyby nawet, to dopóki gram w tenisa, takie oferty musiałabym odrzucać.

Czy zdarzyło ci się pojechać po pomoc do lakiernika? Nie pytam o paznokcie, lecz o samochód.

Nie, chociaż niedawno niewiele brakowało, a mechanik miałby grubszą robotę. Stoję sobie na zakazie, więc bardzo blisko krawężnika, żeby nie utrudniać ruchu. Podjeżdża inny samochód, facet opuszcza szybę i mówi: „Pani sobie wyjmie ten kij z tyłu". Jaki kij? Patrzę na człowieka jak na wariata, a on swoje: „Niech go pani wyjmie, bo jeszcze na wylot przebije". Powiedział i od razu odjechał, bo już trąbili na niego z tyłu. Zastanawiałam się, czego ode mnie chciał. Był tak przejęty i wiarygodny, jakby naprawdę chciał pomóc, więc wysiadłam, żeby sprawdzić. I co widzę? Podczas zawracania nadziałam się wydechem na wystający z ogrodzenia pal i go wyrwałam! Tak mocno się wbił w rurę, a z drugiej zaparł o jezdnię, że nie mogłam go usunąć. Strach pomyśleć, co by się mogło stać, gdybym znowu musiała cofnąć samochód! Gdyby ktoś mnie wtedy nagrał, jak szarpałam się z tym kijem... A w ogóle to nie boję się jazdy tyłem, parkowania czy zawracania w tłoku na centymetry, bo podczas nauki jazdy zostałam od razu rzucona na głęboką wodę. Później codziennie ćwiczyłam manewry w garażu w Krakowie, strasznie ciasnym i niefunkcjonalnym. Nawet chłopaki, kiedy musieli do niego wjechać, mocno się pocili. Ten garaż nauczył mnie parkowania.

Czym najbardziej lubisz jeździć?

Miałam sporo samochodów kilku marek i różnych typów. Najlepiej czuję się w sportowych lexusach serii F – RCF, GSF albo ISF. W ogóle uwielbiam wszystko, co szybkie i pozwala mi pierwszej wystartować spod świateł na skrzyżowaniu.

Jaki wynik wskazuje licznik punktów karnych?

Na szczęście po roku, jak w rankingu WTA, są kasowane, więc niedużo. Teraz mam na koncie punkty za rozmowę przez telefon. Dorwały mnie dwie policjantki... Przed facetem łatwiej byłoby się wytłumaczyć. Widziałeś, żeby w takiej sytuacji baba dogadała się z babą? Ja nie. Wzrok tych policjantek mówił, że gdyby tylko mogły, to wlepiłyby mi nawet piętnaście punktów. Inna sprawa to parkowanie. W tym mieście...

Ciągle mówimy o Warszawie...

W tym mieście parkowanie na zakazie jest traktowane jak zbrodnia, a gdzie w dzień powszedni można tu normalnie zaparkować? Nie ma miejsc nawet na parkingach płatnych!

Jaki jest rekord twojego prędkościomierza?

Ja na pewno nie spowalniam ruchu drogowego. Jeżdżę szybko, ale uważam, że bezpiecznie. Zawsze zwracam uwagę na warunki atmosferyczne i inne samochody dookoła. Pięćdziesiąt na godzinę to można jeździć po mieście. Ale czy ja tu muszę sama się przyznawać do łamania przepisów?

Nikt nie mówi, że rekordową szybkość uzyskałaś na polskiej drodze.

W takim razie dwójka z przodu raczej była, chociaż nie lubię jeździć aż tak szybko, przecież nie chodzi o to, aby igrać z życiem. Zresztą ostatnio rzadziej prowadzę, bo jeśli gdzieś jedziemy razem, to za kierowcę zwykle robi Dawid.

Kto jest lepszym kierowcą – ty czy on?

Nie boję się jazdy tyłem, parkowania czy zawracania w tłoku na centymetry, bo podczas nauki jazdy zostałam od razu rzucona na głęboką wodę.

Dawid jeździ bardzo dobrze, ale trudno porównać i powiedzieć, kto lepiej. Na pewno ma lepszy wzrok, więc jest dużo lepszym pilotem. Zawsze zastanawiam się, dlaczego zaczął zwalniać; on ten powód widzi już z daleka, a ja – trochę przesadzam – prawie w ostatniej chwili. Jest bardzo czujny podczas jazdy.

A kucharzem?

Dobraliśmy się. Gotujemy na tym samym poziomie. Niestety niewygórowanym. Najczęściej nie mamy czasu gotować, a jeśli już czas się znajdzie, to po prostu nam się nie chce stać w kuchni. Ostatnio Dawid opanował jedno danie – makaron ze szpinakiem, pomidorami i serem. Niedawno zrobił je, kiedy przyjechała do nas moja mama. Była bardzo miło zaskoczona. Jeśli Dawid przyrządzi coś do jedzenia, to ja już potem sprzątam. Mogę się przy tym ruszać, co już tak mnie nie męczy jak stanie.

Czy lubisz zwierzęta? Teraz trudno byłoby ci mieć psa albo kota, ale po zakończeniu kariery...

Bardzo lubię zwierzęta. Jako małe dzieciaki miałyśmy i psa, i myszoskoczki, no i szczury, o których po moim pierwszym starcie w US Open pisała prasa. Teraz faktycznie nie ma na to żadnych szans, ale w przyszłości – dlaczego nie?

Jednym z minusów bycia sportsmenką – to największa różnica w porównaniu ze sportowcami mężczyznami – jest późniejsze zakładanie rodziny. Ani wesele, ani chrzciny nie mają wpływu na karierę facetów. Kobiety wychodzą za mąż, ale macierzyństwo często odkładają na później. Czy już ustaliliście, ile dzieci chcielibyście mieć?

Pogram jeszcze kilka lat, więc bardzo młodą mamą na pewno nie będę, chociaż – takie czasy – znajdzie się też wiele starszych ode mnie. Nie wyobrażam sobie mieć jedynaka, absolutnie odpada! Moim zdaniem to dużo gorsze dla dziecka. Wychowałam się z siostrą, zatem wiem, że rodzeństwo daje same korzyści. Bardzo chciałabym mieć bliźniaki, ale do tego potrzebne są odpowiednie geny. W każdym razie dwójka na pewno, a co życie przyniesie, zobaczymy.

Jako małe dzieciaki miałyśmy szczury, o których po moim pierwszym starcie w US Open pisała prasa.

Jedyne, co tak naprawdę mi wtedy pomaga, to wysiłek fizyczny.

Czy chciałabyś, aby wasze dzieci grały zawodowo w tenisa?
Na pewno chciałabym, aby grały. W moim życiu, w życiu Dawida, tenis był, jest i na pewno cały czas będzie, więc chyba będzie także w życiu naszych dzieci. Czy będą grały zawodowo, to się dopiero okaże. Przecież nikt nam nie da gwarancji, że nasze dzieci w ogóle będą nadawały się do sportu. Po co się wtedy oszukiwać? Znam takich rodziców, którzy mają klapki na oczach. Gdyby się okazało, że nasze dzieci jednak mają talent, to będę je raczej zachęcała, pokazując to, co w tenisie przyjemne, niż zniechęcała, opowiadając o tym, jakich wyrzeczeń wymaga kariera. A jeśli nie tenis, to na pewno inny sport.
Czy jest jeszcze inna dyscyplina, która ci się podoba i do której będziesz zachęcała dzieci?

Sama dobrze wiem, z czym wiąże się uprawianie sportu, więc wolałabym, aby moje dzieci, jeśli już się na to zdecydują, wybrały taką dyscyplinę, w której będą się spełniały i która zapewni im bezpieczeństwo materialne. Jeśli będą się upierały, to oczywiście im nie zabronię, ale nie chciałabym, żeby musiały godzić trening wyczynowy z pracą zawodową, a po zakończeniu kariery nic z tego nie miały. Nie po to tyra się tyle lat, aby martwić się o to, co będzie potem. Przecież po drodze musi ucierpieć szkoła i wtedy jest problem. Znam wiele takich przypadków, więc lepiej uczyć się na błędach cudzych niż własnych. To oczywiście przykre, bo te osoby, które uprawiały dyscypliny niszowe lub mało medialne, pracowały równie ciężko jak tenisiści, piłkarze czy golfiści, a kończą karierę z niczym. Tak nie powinno być, ale niestety często bywa.

To pewnie trudny temat do rozmowy, zwłaszcza z obcym facetem, ale nie możemy go nie poruszyć. Jaki wpływ ma fizjologia na funkcjonowanie kobiety jako sportsmenki?

Wiadomo, że mężczyznom jest znacznie łatwiej. Bywało tak, że czułam się tak źle, że praktycznie nie mogłam się wyprostować. Jedyne, co tak naprawdę mi wtedy pomaga, to wysiłek fizyczny. Oczywiście nie jestem w stanie grać w te dni na sto procent.

Na pewno niezręcznie ci o tym mówić, ale tak właśnie było podczas tego przegranego meczu z Goerges na igrzyskach w Londynie, po którym spadła na ciebie lawina krytyki.

No tak, wtedy było bardzo źle, wręcz tragicznie... Kiedyś należałam do tych kobiet, które te dni miały bardzo ciężkie. Teraz mam

TO PRZYKRE, ŻE *OSOBY*, KTÓRE UPRAWIAŁY DYSCYPLINY NISZOWE, KOŃCZĄ KARIERĘ Z NICZYM.

już sposoby, aby funkcjonować w miarę normalnie. Z doświadczenia wiem i mogę to z czystym sumieniem poradzić innym kobietom, które wolą cały dzień siedzieć w domu i się nad sobą użalać, bo je boli, że nie ma nic gorszego, niż myśleć tylko o tym. Lepiej wyjść na spacer, do kina, na zakupy, obejrzeć wystawy w sklepach, robić naprawdę cokolwiek, byle nie siedzieć w domu. Kobieta mówiąca, że nie może tego czy tamtego, ponieważ ma okres, sama sobie strzela w kolano. Powtarzam: nie ma nic gorszego.

Czy podczas turnieju WTA zawodniczka w potrzebie może liczyć na taryfę ulgową? Na przykład preferencje przy ustalaniu planu gier?

Nie, to nie jest żaden powód ani formalnie, ani po znajomości z supervisorką czy sędzią główną. Na turnieju jest nas tyle, że praktycznie zawsze kilka by o to prosiło. Jedynym przywilejem w porównaniu z tenisem męskim jest możliwość zejścia z kortu i pójścia do toalety dosłownie w każdej chwili, nawet w połowie gema, a nie tylko po zakończeniu seta.

Czy interesują cię inne dyscypliny sportu?

Tak, chociaż nie mam ulubionej. Przede wszystkim lubię oglądać polskich sportowców, bo to znacznie przyjemniejsze. Występu swoich zawsze się oczekuje. Z nimi każdy mecz, turniej, zawody robią się od razu ciekawsze. Wcześniej wspominałeś skoczków... Ich też oglądam i cieszę się, gdy wygrywają. Jako dziewczynka byłam fanką Adama Małysza. Potem mocno kibicowałam Robertowi Kubicy – to był naprawdę wielki boom; tym większy, że ani wcześniej, ani później nie mieliśmy Polaka w Formule 1. Na igrzyskach zawsze chętnie chodziłam na zawody pływackie. W tej dyscyplinie podoba mi się to, że wyścigi nie trwają długo, a o zwycięstwie decydują ułamki sekund. Pływaków doceniam tym bardziej, że wiem, jak żmudny jest ich trening w porównaniu z samymi zawodami.

Właśnie igrzyska są świetną okazją do zawarcia bliższych znajomości z innymi sportowcami. Z kim utrzymujesz w miarę stały kontakt?

W Londynie było bardzo źle, wręcz tragicznie.

Po igrzyskach wracamy do swoich zajęć i nie mamy czasu na takie kontakty. Jeśli się spotykamy, to raczej sporadycznie i przypadkowo, jak ja całkiem niedawno z Sylwią Gruchałą. Bardzo miło spędziłyśmy cały wieczór, a nie widziałyśmy się od kilku lat. Zdarza się także, że czasem mamy zawody akurat w tym samym miejscu. W takich okolicznościach najczęściej natykam się na szermierzy, których wielu znam z AWF w Krakowie. Tak się kiedyś stało na przykład w Doha. Innym razem mieli zawody Pucharu Świata bodaj w Monachium, a ja turniej w Stuttgarcie, więc zaprosiłam ich i załatwiłam wejściówki.

Czy poza igrzyskami olimpijskimi masz czasem okazję dopingować z trybun polskich sportowców?

Udało się chyba tylko raz w zeszłym roku w Tokio. Siatkarze grali z Japonią w Pucharze Świata. Poszłyśmy na ten mecz z Karoliną

Nie chciałabym kończyć kariery, szybko staczając się w rankingu i tylko ciułając kasę. Lepiej to zrobić z klasą. Najgorsze, co może się zdarzyć, to koniec kariery wymuszony przez kontuzję.

Woźniacką. Dostałyśmy znakomite miejsca i dmuchane pałki do klaskania. Cała hala oczywiście za Japończykami i chyba jedynie my dwie za Polakami. Było naprawdę super, atmosfera fantastyczna! Taki mecz na żywo to zupełnie inny świat niż relacja telewizyjna.

Czy zastanawiałaś się, co byś w życiu robiła, gdyby nie tenis?

Szczerze mówiąc, nie mam pojęcia. W tenisa gram, odkąd pamiętam. Już o tym rozmawialiśmy – nie miałam planu B, wszystko było postawione na tę jedną kartę, jak w kasynie „all in". Nie zostawiliśmy sobie w kieszeni ani w rękawie nawet jednego żetonu, żeby było chociaż na szatnię... Dobrze jeszcze raz uświadomić młodym czytelnikom, że to bardzo ryzykowna gra, bo jeśli nie udałoby mi się przebić do czołówki, to co innego bym umiała? Liceum skończyłam dla matury, a niektórzy nawet i tego nie mają, nadal studiuję na AWF, ale też nie tak, żeby wszystkie egzaminy zdawać na piątki, bo tak po prostu się nie da. Bez dobrego wykształcenia możliwości zostaje bardzo mało. Znam wiele osób mających taki problem, na korcie kariery nie zrobiły, a naukę zaniedbały. Nie wiem, czy to lenistwo, czy brak wyobraźni, czy zbytnia pewność, że uda się odnieść sukces. To także wina rodziców, bo kto, jeśli nie oni, powinien dopilnować przynajmniej liceum? Zdawanie matury w wieku dwudziestu pięciu lat wygląda słabo. Za takie błędy młodości trzeba potem drogo zapłacić. Ja nie płacę, bo mnie się po prostu udało. Nie chcę się powtarzać, ale naprawdę warto mieć wielkie marzenia. Nie wolno jednak, nawet uprawiając sport, zapominać o nauce.

W finałach tegorocznego Australian Open zagrało czworo trzydziestolatków: Roger Federer, Rafael Nadal i siostry Williams. Byłaś zaskoczona?

Już mówiłam, że nastolatki nie mają dziś czego szukać w Wielkim Szlemie, bo w najważniejszych momentach decydującą rolę odgrywa doświadczenie. Młode dziewczyny mogą wygrać najwyżej mały turniej, ale nie te najważniejsze. Nie tylko ta czwórka, którą wymieniłeś, dała przykład, że najwyższą formę można osiągnąć około trzydziestki, a nawet później. Zresztą Roger i Rafa to całkiem inny świat, lepiej wróćmy do rzeczywistości.

Rzeczywistość jest jednak taka, że nie da się grać w nieskończoność. Czy wyznaczyłaś sobie tak wstępnie, z otwartą furtką na zmianę decyzji jakąś datę, poza którą już raczej nie zobaczymy cię na korcie?

MŁODE *DZIEWCZYNY* MOGĄ WYGRAĆ NAJWYŻEJ MAŁY TURNIEJ, ALE NIE TE NAJWAŻNIEJSZE.

Od dawna powtarzam, że na pewno nie będę grała tak długo jak siostry Williams – Venus ma 37 lat, a Serena prawie 36. Dla mnie to jakaś abstrakcja. Przede wszystkim nie widzę siebie zdolnej wytrzymać tego w zdrowiu i dobrej formie fizycznej. Za dziesięć lat na kort wjeżdżałabym na wózku albo musieliby mnie chyba wnosić. Już teraz cały czas coś mnie boli, gdzieś mi strzyka, mam jakieś zapalenie. Z roku na rok jest coraz gorzej, z coraz większym trudem znoszę wysiłek fizyczny. Wytrzymam jeszcze tyle, na ile zdrowie mi pozwoli. Żadnej konkretnej daty sobie nie wyznaczam, to na pewno wyjdzie w praniu. Po prostu chciałabym pograć jeszcze kilka lat, ale na pewno nie aż tyle, żeby dogonić obecny wiek Sereny czy Venus.

Jak chciałabyś się pożegnać z tenisem? Czy byłabyś skłonna zrobić to jak kiedyś Marion Bartoli – wygrać Wimbledon i powiedzieć „Dziękuję!”?

To bardzo kusząca ewentualność, ale wciąż bardzo trudna decyzja do podjęcia. Bo jeśli ktoś wejdzie na szczyt szczytów, to chciałby jeszcze i jeszcze raz. Z drugiej strony kusi takie odejście w mistrzowskim stylu. Na pewno nie chciałabym kończyć kariery, szybko staczając się w rankingu i tylko ciułając kasę. Lepiej to zrobić z klasą. Najgorsze, co może się zdarzyć, to – odpukać – koniec kariery wymuszony przez kontuzję.

Ten dzień jednak kiedyś nadejdzie i co wtedy? Kim będziesz? Trenerką? Projektantką mody? Bizneswoman?

Szczerze mówiąc, jeszcze się nad tym poważnie nie zastanawiałam. Projektantką? Dlaczego nie... Miałabym kilka pomysłów, zawsze się interesowałam modą, zwiedziłam cały świat, wiele widziałam, zawsze zwracałam uwagę, gdzie i co się nosi, jak zmienia się moda. Tak, taka praca na pewno sprawiałaby mi przyjemność. Od tenisa nie chciałabym jednak odchodzić zbyt daleko. Fajnie byłoby zagrać sobie od czasu do czasu, na przykład w turnieju legend w Wielkim

Nie będę grała tak długo jak siostry Williams – Venus ma 37 lat, a Serena prawie 36.

Bo jeśli ktoś wejdzie na szczyt szczytów, to chciałby jeszcze i jeszcze raz. Z drugiej strony kusi takie odejście w mistrzowskim stylu.

Szlemie, oczywiście jeśli będą mnie chcieli. Korci mnie również, żeby całkiem samodzielnie rozkręcić jakiś biznes. Nie wykluczam, że byłby związany z tenisem, bo to – nie ukrywam – całe moje życie. Marzy mi się, żeby kiedyś pojechać na Wimbledon albo inny turniej wielkoszlemowy w dżinsach, bez tych kilogramów odżywek, niemal z samą kosmetyczką, i obejrzeć kilka dobrych meczów z udziałem Polaków. Oglądać obcych to już nie byłaby taka sama frajda.

Co w życiu jest dla ciebie najważniejsze?

I po sobie, i po rodzinie, i po znajomych wiem, że w życiu najważniejsze jest zdrowie. Można mieć miliony na koncie, a zdrowia i tak nie da się kupić. Z pełną odpowiedzialnością i stanowczością mówię, że pieniądze szczęścia nie dają. Był czas, kiedy ich nie miałam, więc wiem także, ile znaczy bezinteresowna, prawdziwa przyjaźń. Prawdziwą wartością jest mieć kogoś, kto zerwie się w środku no-

MARZY MI SIĘ, ŻEBY KIEDYŚ POJECHAĆ NA WIMBLEDON ALBO INNY TURNIEJ WIELKOSZLEMOWY W DŻINSACH.

cy, gdy będziemy potrzebowali pomocy. Doceniajmy przyjaźń i miłość, czyli to, czego nie dadzą i nie zastąpią żadne pieniądze. Kiedyś usłyszałam zdanie, że „lepiej być zakochanym na rowerze niż zrozpaczonym w mercedesie". Szczęście też trzeba mieć, bo na „Titanicu" mieli i zdrowie, i pieniądze i co?

Nie ma ludzi bez wad. Do jakich się przyznajesz?

Czasem ze zmęczenia leń mnie dopada i nie zrobię czegoś, co powinnam albo obiecałam. Zbyt szybko wybucham i bywam niecierpliwa, kiedy się śpieszę; oczekuję, że ktoś coś zrobi natychmiast, bo ja tak bym zrobiła. Często w ogóle rezygnuję ze stania w kolejce, jeśli posuwa się zbyt wolno. Za kierownicą lepiej nie mówić...

Odróżnijmy pozytywną zazdrość od negatywnej zawiści. O co bywasz zazdrosna?

Kiedy widzę dziewczynę z pięknymi, naturalnie gęstymi i prostymi włosami, to jej ich zazdroszczę i wcale tego nie ukrywam. Sama bym chciała takie mieć, ale to jeszcze nie powód, żeby taką kobietę chcieć za nie wytargać. Nie wiem, czy zazdrość będzie tu odpowiednim słowem... Czasem czuję żal, bo nie mogę gdzieś pójść, chociaż wszyscy tam idą, a mnie omija coś fajnego. Pocieszam się, że wiele osób chętnie zamieniłoby się ze mną miejscami, więc nie ma co narzekać. A, i jeszcze jedno! Kiedy mam grać mecz w sesji wieczornej lub nocnej, kiedy dopiero jadę na korty, a prawie wszyscy już z nich wracają, to zazdroszczę im, że mają to za sobą i wreszcie mogą zająć się czymś innym.

Za co twoim zdaniem inni cię najbardziej lubią, cenią, szanują?
Mam nadzieję, że wciąż jestem takim samym człowiekiem, jakim byłam dziesięć, piętnaście lat temu. Zdarza się, że mogę nie być miła, kiedy ktoś podchodzi z prośbą o zdjęcie lub autograf akurat wtedy, kiedy jem, ale proszę mnie zrozumieć...
Tobie będzie niezręcznie o tym mówić, posłużę się zatem opinią twoich znajomych: jesteś uczciwa, obowiązkowa i co wynika z obowiązkowości – punktualna.
Skoro tak twierdzą... Faktycznie, odkąd pamiętam, nienawidzę się spóźniać nawet na kawę z koleżanką. Nie ma znaczenia, jak ważne ma być to spotkanie. Pięć minut nikogo by nie zbawiło, nikomu nic by się nie stało, ale źle bym się z tym czuła. Gdy utknę w korku i grozi mi spóźnienie na spotkanie, z wyprzedzeniem informuję o tym osobę, która może już na mnie czekać. Naprawdę wolę na kogoś poczekać nawet dziesięć minut, niż się spóźnić o minutę. Nie lubię, kiedy inni się spóźniają, więc chłopaki zawsze się śmieją, że jeśli zamówiliśmy samochód na 12:00, to spotykamy się o 11:52. Zdarzyło mi się jednak, że prawie spóźniłam się na samolot. To było jeszcze wtedy, kiedy mieszkałam w Krakowie. „Dolotówka" do Warszawy standard. Na lotnisko w Balicach, pamiętam dokładnie, bo spojrzałam na zegarek, dojechałam za trzynaście ósma. Spokojnie się odprawiam, nadaję bagaż. Szybko idzie, bo nikogo nie ma, więc będzie pusto w samolocie. Godzina do odlotu, to pójdę jeszcze do saloniku dla podróżnych. „Przecież pani zaraz leci" – mówi osoba sprawdzająca karty przy wejściu. „Jak zaraz? Dopiero za godzinę" – tłumaczę. Okazało się, że pomylił mi się czas wylotu z Krakowa z czasem przylotu do Warszawy. Jak wystrzeliłam spod saloniku, to po chwili byłam już w samolocie. Do dziś nie wiem, dlaczego mi się udało, skoro na lotnisku byłam dosłownie trzynaście minut przed planowym startem.
Wolałbym, żebyś trochę więcej powiedziała o uczciwości.

Mam nadzieję, że wciąż jestem takim samym człowiekiem, jakim byłam dziesięć, piętnaście lat temu.

A kiedy mam z wami żartować? Na konferencji prasowej po przegranym meczu?

A co tu gadać? Po prostu nie potrafiłabym być nieuczciwą. Nawet jeśli coś jest ustalone tylko „na gębę", to dotrzymuję słowa. Obiecałam coś dać albo załatwić, po prostu daję i załatwiam. Nigdy nie ruszam nie swoich rzeczy. Nie mogłabym normalnie położyć się spać, gdybym coś miała na sumieniu.

Dość trudno wyprowadzić cię z równowagi, ale jeśli już to się komuś uda, to nie może liczyć na rychłe przebaczenie. To prawda czy trochę uproszczona opinia?

Zależy, o co poszło. W innym uproszczeniu, trochę z przymrużeniem oka – zawsze mogę wybaczyć, ale nigdy zapomnieć! Miałam kiedyś bliską przyjaciółkę. Była dla nas jak trzecia siostra. Często spała u nas, a jak się później okazało, przez wiele miesięcy po prostu nas okradała. Miałyśmy do niej pełne zaufanie; do tego stopnia, że kiedy szłyśmy na trening, ona sama zostawała w naszym mieszkaniu. Nie od razu się zorientowałyśmy, że zaczęły nam ginąć różne rzeczy, bo mogły się zawieruszyć w praniu albo któraś z nas gdzieś je schowała i zapomniała gdzie. Wydało się, kiedy pojechała z Ulą na zakupy. Zdjęła bluzkę, żeby przymierzyć nową, i wtedy siostra zobaczyła, że tamta ma na sobie jej ulubiony stanik, którego nawet mnie Ula by nie pożyczyła. Wtedy zapaliła się nam czerwona lampka i wreszcie połączyłyśmy wszystkie fakty w całość. Potem we trzy odbyłyśmy bardzo niemiłą rozmowę, pod koniec której ta osoba przyznała się do wszystkich kradzieży. Później oddała nam trzy wielkie worki różnych rzeczy, także prezentów od nas, bo sama nie była już w stanie odróżnić tego, co od nas dostała, od tego, co nam ukradła. Opowiadam tę historię jako przykład czegoś niewybaczalnego. Ta dziewczyna nawet nie ma po co do mnie podchodzić, bo dla mnie jest skreślona na wieki wieków. Jeśli jednak coś jest do naprawienia, to trudno się długo gniewać.

Jakie jeszcze wady dyskwalifikują innych ludzi w twoich oczach? Takie, które już na pierwszy rzut oka sprawiają, że w ogóle nie chcesz poznać tego człowieka.

Nie znoszę ludzi, którzy się wywyższają. Jeszcze się nie przedstawią, a już przekonują, jacy są wspaniali, wszystko wiedzą najlepiej i każde zdanie zaczynają od „Bo jak ja...". Dla mnie to strasznie odpychające, wręcz nienawidzę czegoś takiego. Bardzo doceniam skromność i dystans wobec samej, samego siebie. A, i poczucie humoru!

Wielu dziennikarzy uważa, że nie masz poczucia humoru.

A kiedy mam z wami żartować? Na konferencji prasowej po przegranym meczu? Może powinnam żartować na korcie? Albo chodzić

BARDZO *DOCENIAM* SKROMNOŚĆ I DYSTANS WOBEC SAMEJ, SAMEGO SIEBIE.

na kawę czy kolację i śmiać się razem z wami jak głupi do sera? Wiele też zależy od tego, jacy to są dziennikarze i jaki był wynik meczu. Ci, którzy są pozytywnie nastawieni i znają się na tenisie, od razu wytwarzają lepszą atmosferę. Na konferencję prasową przychodzą nie po to, żeby szukać sensacji, kogoś sprowokować albo zadawać głupie pytania, tylko naprawdę dowiedzieć się czegoś o meczu od zawodnika. Oni potrafią sprawić, że nawet po porażce można miło porozmawiać. Ale to jednak mniejszość. Już o tym mówiliśmy, że co sobie zażartuję, to potem w internecie pojawiają się cytaty wyrwane z kontekstu. To już lepiej powiedzieć swoje, odpowiedzieć na pytania i do widzenia.

To nie tylko moja obserwacja: kiedy widzisz przed sobą dwa, najwyżej cztery mikrofony i ludzi, których znasz, jesteś wyluzowana i skłonna do żartów; jeśli jest nas więcej, stajesz się bardzo oficjalna.

Możliwe, ale to się dzieje podświadomie. Jak już mówiłam, są dziennikarze, do których mam zaufanie, bo wiem, że jeśli nawet krytykują, to niczego nie wyrywają z kontekstu. Im chodzi o fakty, nie o kliknięcia w tytuł w ich brukowcu.

Jakie cechy poza tymi, o których już wspomniałaś, najbardziej cenisz u innych ludzi?

Chyba te same, które sama mam. Zawsze staram się postępować wobec ludzi tak, jak chciałabym, żeby oni postępowali wobec mnie. Rozsądek, uczciwość, szacunek dla innych...

Twoi znajomi i przyjaciele mówią, że towarzystwo dobierasz sobie bardzo starannie, a do obcych, nowo poznawanych ludzi podchodzisz bardzo nieufnie.

To prawda. Raczej nie należę do osób ufnych z natury. Wydaje mi się, że mam umiejętność „czytania" ludzi. Wystarczy mi pięć minut, dosłownie dwa zdania, może to być osoba przyprowadzona przez kogoś znajomego, ktoś, kto się dosiadł, abym wiedziała, czy warto powiedzieć coś więcej. Rzadko się mylę. Po większości

Zawsze staram się postępować wobec ludzi tak, jak chciałabym, żeby oni postępowali wobec mnie.

Chyba udało mi się pokazać, że Polka czy Polak też mogą grać w tenisa na światowym poziomie.

BNP PARIBA
BNP PARIBAS

ludzi już z daleka widać, jakie mają intencje. O nowe bliższe znajomości, przy moim trybie życia, raczej trudno. Znajomych oczywiście przybywa, ale nie można mówić o więzi przyjaźni, bo nie ma kiedy jej nawiązać.

Czy masz jakiś wzorzec do naśladowania? Nie sportowy, tylko taki w ogóle.

Nie ma jednej takiej osoby, którą bym kopiowała czy naśladowała, bo w każdym człowieku można coś takiego znaleźć. Wystarczy dobrze obserwować.

Ty też możesz być dla kogoś idolką, wzorcem. Czy masz tego świadomość i czy z tego powodu czujesz jakąś odpowiedzialność?

Mam, ale nie odczuwam z tego powodu wielkiej presji. Nie robię nie tylko nic złego, ale też nic szczególnego, po prostu uprawiam sport, wykonuję swój zawód i wszystkie obowiązki z nim związane najlepiej, jak potrafię. Jeśli więc ktoś chce mnie naśladować, to jest to dla mnie ogromny komplement. Tak zostałam wychowana, że poza szkołą i tenisem nigdy nie miałam ani czasu, ani ochoty na jakieś głupoty, które zdarza się robić młodzieży. Nie od razu zdałam sobie sprawę z tego, jak mogą mnie odbierać obcy ludzie. Dostaję sporo listów, odbieram wiele innych oznak sympatii i jest mi aż głupio, gdy niektórzy traktują mnie jak kogoś nie z tego świata. Dziękują, że jestem dla nich inspiracją, bo gdyby nie ja, to nie wiedzieliby, co w życiu robić. Chwilami to może być nawet przerażające, bo mnie się wydaje, że jestem po prostu nudna. Ot, gram w tenisa trochę powyżej średniej krajowej, a żyję w miarę normalnie.

Co poza pucharami chciałabyś zostawić po sobie?

Mam nadzieję, że początek nowej ery w polskim tenisie. Chyba udało mi się pokazać, że Polka czy Polak też mogą grać w tenisa na światowym poziomie. Niech już nikt nie mówi, że się nie da, bo nic w Polsce nie ma. Nie trzeba jeździć do Ameryki ani po zagranicznych akademiach i mieć nie wiadomo ile pieniędzy. Korty są wszędzie takie same – 78 stóp długości na 27 szerokości. Infrastruktura może jeszcze trochę gorsza, ale największa bariera tkwi w głowie. Dzięki ciężkiej pracy i wierze w siebie można do czegoś dojść, również wychodząc z Polski.

To samo mógł czterdzieści lat temu powiedzieć Wojciech Fibak...

Jemu było znacznie trudniej. Kiedy on grał, nie było nie tylko kortów, rakiet, piłek i innego sprzętu, ale przede wszystkim możliwości wyjazdu za granicę i normalnej rywalizacji z najlepszymi. Tata mi opowiadał, że ze starych skarpetek babcia robiła mu frotki na przeguby rąk, bo w ogóle nie można było ich kupić. Dziś dobra rakieta nie jest już rarytasem, a i mentalność mamy inną. Dzięki internetowi świat stoi otworem, swoich idoli dzieci i młodzież mają na wyciągnięcie ręki. Wystarczy bardzo chcieć i nie bać się marzeń.

Czy myślisz na przykład o akademii tenisowej firmowanej twoim nazwiskiem?

Oczywiście, że tak. Ogromne znaczenie ma lokalizacja. Rodzice gdzieś pracują, dzieci chodzą gdzieś do szkoły, więc takiej akademii nie można budować tam, gdzie wrony zawracają, a w szczycie dojazd zajmuje półtorej albo dwie godziny. Na dłuższą metę nie da się tak funkcjonować. Może kiedyś, mam nadzieję, uda mi się coś takiego zrobić, ale to tak duża i skomplikowana inwestycja, że poważnie pomyślę o niej dopiero na emeryturze. Nie wystarczy wyłożyć kasę; nie wystarczy włożyć w to całej energii i serca, trzeba jeszcze dobrać odpowiednich ludzi. Albo zrobię to porządnie, albo wcale. To jest zajęcie nie na pół, ale na półtora etatu, przynajmniej na początku, bo jak już ruszy, to pójdzie.

CIĄG DALSZY NASTĄPI...

Najlepsza zawodniczka w historii polskiego tenisa nie powiedziała jeszcze ostatniego słowa – ani po niemiecku, ani po polsku, ani po angielsku, który jest oficjalnym językiem tej dyscypliny sportu. Od lutego do kwietnia 2017 roku spotkaliśmy się kilkunastokrotnie – czasem tylko na chwilę, aby coś poprawić w tekście albo rozwiać wątpliwości, ale najczęściej rozmawialiśmy przez półtorej, dwie godziny. Agnieszka Radwańska nigdy nie dała do zrozumienia, ani razu nie zasugerowała między wierszami, że satysfakcjonuje ją to, co osiągnęła do tej pory. W rozmowie wspomina o tej części polskiej opinii publicznej, która najchętniej krytykuje i której wszystkiego zawsze jest za mało. Warto więc przypomnieć, że Agnieszka Radwańska wygrała 20 turniejów WTA, w tym mistrzowski w 2015 roku. Od 2008 tylko raz zakończyła sezon poza czołową dziesiątką rankingu, czym nie mogą się pochwalić nawet jej bardziej utytułowane rywalki. Polka gra nie tylko dobrze, ale również pięknie dla oka. Można nawet powiedzieć, że pod tym względem nie ma sobie równych. To nie komplement; to opinia kibiców z całego świata, którzy w latach 2013–2016 nie mieli najmniejszych wątpliwości, komu przyznać ten tytuł. Jeśli ktoś nie wierzy albo jeszcze nie widział, bez trudu znajdzie te zagrania w internecie.

Do pełni szczęścia i Agnieszce Radwańskiej, i jej kibicom brakuje tytułu wielkoszlemowego i awansu na pierwsze miejsce w rankingu WTA. Kiedy ta książka ruszy w drogę z drukarni do księgarń, właśnie będzie się zaczynał Wimbledon. To tam „Isia" została mistrzynią w kategorii juniorek, tam w 2012 roku w finale napędziła strachu Serenie Williams.

Czy ktoś ma coś przeciwko temu, aby po Wimbledonie 2017 los dopisał do *Jestem Isia* jeszcze jeden rozdział?

workday
LEXUS

Burda Publishing Polska Sp. z o.o.
02-674 Warszawa, ul. Marynarska 15
Dział handlowy:
tel. (48) 22 360 38 38
fax (48) 22 360 38 49
Sprzedaż wysyłkowa:
Dział Obsługi Klienta, tel. (48) 22 360 37 77

Redakcja: **Tomasz Wolfke**
Korekty: **Redaktornia.com**
Projekt graficzny, skład i łamanie: **Michał Piekarski**

Zdjęcie na I stronie okładki: **Aldona Karczmarczyk/Van Dorsen Artists**
(stylizacja: **Marta Siniło**, makijaż **Wilson/ Warszawa Creatives, Emil Zed/Van Dorsen Artists**)
Zdjęcie na IV stronie okładki: **Jacek Herok**

Zdjęcia: archiwum prywatne **Agnieszki Radwańskiej; Artur Rolak; Andrzej Szkocki/ Polska Press; Newspix.pl; VIPHOTO/EAST NEWS; AP/EAST NEWS; Wacław Klag /REPORTER; Czesław Czapliński/FOTONOVA; AGENCJA SE/ EAST NEWS; REX Shutterstock/EAST NEWS; Sputnik/EAST NEWS; Andrzej Hulimka/REPORTER; AFP PHOTO/EAST NEWS; AGENCJA SE/EAST NEWS; SPLASH/EAST NEWS; Mariusz Grzelak/REPORTER; Piotr Zając/REPORTER; TRICOLORS/EAST NEWS; Imago Sport/EAST NEWS; M. Lasyk/REPORTER; TENNIS PRESS/MAREK JANIKOWSKI/EAST NEWS; Imago/FORUM; Łukasz Gagulski/FORUM; Jason Reed/Reuters/FORUM; Benoit Tessier/Reuters/FORUM; Marek Szymański/ FORUM; Issey Kato/Reuters/FORUM; Thomas Peter/Reuters/FORUM; Edgar Su/Reuters/FORUM**
Autorzy i Burda Publishing Polska dołożyli wszelkich starań, żeby ustalić autorów fotografii zamieszczonych w książce. Ewentualne osoby uprawnione z tytułu praw autorskich do zdjęć proszone są o kontakt z wydawnictwem.

Redaktor prowadząca: **Agnieszka Radzikowska**
Redaktor techniczny: **Mariusz Teler**

Druk: **Drukarnia Art**, Warszawa

ISBN: 978-83-8053-246-5

www.burdaksiazki.pl